世界文学全集万華鏡

文庫で読めない世界の名作

近藤健児
Kondoh Kenji

青弓社

世界文学全集万華鏡――文庫で読めない世界の名作

目次

はじめに　17

第1章　イギリスの文学

ダニエル・デフォー「ロクサーナ」　24
サミュエル・リチャードソン「パミラ」　27
ヘンリー・フィールディング「大盗ジョナサン・ワイルド伝」　30
ウォルター・スコット「ケニルワースの城」　34
チャールズ・ディケンズ「バーナビー・ラッジ」　37
ジョージ・エリオット「フロス河の水車場」　40
ジョージ・エリオット「ロモラ」　43

トマス・ハーディ「森に住む人々」 45
ジョゼフ・コンラッド「ノストローモ」 48
ジョゼフ・コンラッド「勝利」 50
ウィンダム・ルイス「愛の報い」 53
D・H・ロレンス「白孔雀」／「セント・モア」 55
オルダス・ハックスレイ「クローム・イエロー」 58
ジェイムズ・ヒルトン「めぐり来る時は再び」 60

第2章　アメリカの文学

ヘンリー・ジェイムズ「アメリカ人」 66
ヘンリー・ジェイムズ「ボストンの人々」 69

ヘンリー・ジェイムズ「カサマシマ公爵夫人」 71
ウィラ・キャザー「私のアントニーア」 74
アプトン・シンクレーア「人われを大工と呼ぶ」 77
ジョン・ドス・パソス「マンハッタン乗換駅」 81
ジョン・スタインベック「疑わしい戦い」 84
ジョン・オハラ「サマーラの町で会おう」 88
ユードラ・ウェルティ「デルタの結婚式」 91
ジェームズ・エイジー「家族のなかの死」 94
ジョン・バース「酔いどれ草の仲買人」 97

第3章 ドイツの文学

ヨーゼフ・フォン・アイヒェンドルフ「フリードリヒの遍歴」 102
エドゥアルト・メーリケ「画家ノルテン」 105
コンラート・フェルディナント・マイヤー「ペスカラの誘惑」 108
ゲーアハルト・ハウプトマン「アトランティス」 112
リカルダ・フーフ「ルードルフ・ウルスロイの回想」 115
ヘルマン・シュテール「霧の沼」 118
ハインリヒ・マン「臣下」 121
ヤーコップ・ワッサーマン「若きレナーテの生活」 123
フーゴ・フォン・ホフマンスタール「影のない女」 127
トーマス・マン「大公殿下」 130
トーマス・マン「選ばれた人」 133
ローベルト・ヴァルザー「ヤーコプ・フォン・グンテン」 136
ヘルマン・ブロッホ「誘惑者」 139

エーリヒ・マリア・レマルク「還りゆく道」 142

第4章　フランスの文学

ピエール・ド・マリヴォー「成上り百姓」 148
アルフレッド・ド・ヴィニー「サン＝マール」 151
オノレ・ド・バルザック「あら皮」 154
オノレ・ド・バルザック「幻滅」 158
ヴィクトル＝マリー・ユゴー「氷島奇談」 162
ウージェーヌ・シュー「パリの秘密」 164
エミール・ゾラ「クロードの告白」 168
エミール・ゾラ「生きるよろこび」 171

モーリス・バレス「自我礼拝」 174
ジャン・ジロドゥ「ベラ」 177
ピエール・ドリュ・ラ・ロッシェル「ジル」 180
アンリ・ド・モンテルラン「独身者たち」 183
ルイ・アラゴン「お屋敷町」 187
ジュリアン・グリーン「夜明け前の出発」 190
ジャン＝ポール・サルトル「嘔吐」 194
シモーヌ・ド・ボーヴォワール「レ・マンダラン」 197

第5章　ロシアの文学

ニコライ・レスコフ「僧院の人々——年代記」 202

イワン・シメリョフ「レストランのボーイ」 205
アンドレイ・ベールイ「銀の鳩」 209
コンスタンチン・フェージン「都市と歳月」 213
ワレンチン・カターエフ「孤帆は白む」 216
レオニード・レオーノフ「泥棒」 220
ブルーノ・ヤセンスキー「パリを焼く」 223
ミハイル・ショーロホフ「ドン物語」 226

第6章　南北欧、ラテンアメリカ、アジアの文学

エルサ・モランテ「禁じられた恋の島」 232
ラファエル・サンチェス・フェルロシオ「アルファンウイの才覚と遍歴」 234

シグリ・ウンセット「花嫁の冠」 238
ミゲル・アンヘル・アストリアス「大統領閣下」 240
ジョアン・ギマランエス・ローザ「大いなる奥地」 245
老舎「趙子曰」 248

二組ある『東京の人』——あとがきにかえて 251

装丁——神田昇和

凡例

［1］本書で取り上げる体系的な世界文学全集とは、広範な時代と地域をカバーし、刊行開始時から全巻の構成を予告・明示した海外文学の名作集である。したがって巻数が付されないものや、刊行点数に制約がないシリーズや叢書は含まない。具体的には、次の全集を選考対象にした（ただし、所収作品が定番ばかりなどで、本書で紹介した作品が一点も含まれない全集もある）[1]。

「世界文学全集」全五十巻、学習研究社、一九七七―七九年

「新世界文学全集」全二十三巻（第二巻は欠巻）、河出書房、一九四一―四三年

「世界文学全集 第一期・十九世紀篇」全四十巻、河出書房、一九四八―五二年

「世界文学全集 第二期・古典篇」全二十七巻（第十八巻、第十九巻、第二十三巻、第二十五巻は欠巻）、河出書房、一九五一―五六年

「世界文学全集 第三期・十九世紀続篇」全二十巻、河出書房、一九五一―五五年

「世界文学全集（決定版）」全八十巻（第一期二十五巻、第二期二十五巻、第三期二十五巻、別巻五巻）、河出書房／河出書房新社、一九五三―五九年

「世界文学全集 グリーン版」全百巻（第一集四十八巻・別巻七巻、第二集二十五巻、第三集二十巻）、河出書房新社、一九五九―六六年

「世界文学全集 特製豪華版」全八十巻、河出書房新社、一九六一年

「世界文学全集 豪華版」全五十巻（第一集二十五巻、第二集二十五巻）、河出書房新社、一九六四―六八年

「世界文学全集 カラー版」全五十巻・別巻二巻、河出書房新社、一九六六―六九年

「河出世界文学大系」全百巻、河出書房新社、一九八〇年
「世界文学全集 ステラ版」全二十五巻、河出書房新社、一九八九年
「池澤夏樹＝個人編集 世界文学全集」全三十巻（第一集十二巻、第二集十二巻、第三集六巻）、河出書房新社、二〇〇七—一一年
「世界文学全集」全四十八巻、講談社、一九六七—七二年
「世界文学全集 オプション103」全百三巻・別巻一巻、講談社、一九七四—九一年
「20世紀の文学 世界文学全集」全三十八巻、集英社、一九六五—六八年
「世界文学全集デュエット版」全六十六巻、集英社、一九六八—七一年
「集英社コンパクト・ブックス 世界の名作」全三十四巻・別巻十巻、集英社、一九六四—七一年
「世界文学全集 愛蔵版」全四十五巻、集英社、一九七二—七六年
「集英社版 世界の文学」全三十八巻、集英社、一九七六—七九年
「集英社版 世界文学全集 ベラージュ」全八十八巻、集英社、一九七七—八一年
「集英社ギャラリー 世界の文学」全二十巻、集英社、一九八九—九一年
「世界文学全集」全五十八巻（第一期三十八巻・別巻一巻、第二期十九巻）、新潮社、一九二七—三二年
「現代世界文学全集」全四十六巻、新潮社、一九五二—五八年
「新版世界文学全集」全三十三巻、新潮社、一九五七—六〇年
「世界文学全集」全五十巻、新潮社、一九六〇—六四年
「新潮世界文学」全四十九巻、新潮社、一九六八—七二年
「世界文学大系」全九十六巻・別巻二巻、筑摩書房、一九五八—六八年
「世界名作全集」全四十六巻、筑摩書房、一九六〇—六二年

「世界古典文学全集」全五十巻、筑摩書房、一九六四―二〇〇四年
「世界文学全集」全七十巻・別巻一巻、筑摩書房、一九六六―七〇年
「筑摩世界文学大系」全八十九巻、筑摩書房、一九七一―九八年
「世界の文学」全五十四巻、中央公論社、一九六三―六七年
「新集 世界の文学」全四十六巻、中央公論社、一九六八―七三年
「世界の文学セレクション36」全三十六巻、中央公論社、一九九三―九五年
「世界名作全集」全七十巻・別巻三巻、平凡社、一九五八―六三年
「三笠版 現代世界文学全集」全二十七巻・別巻四巻、三笠書房、一九五三―五七年

［2］本書で取り上げる七十の作品は、世界文学全集に所収されて刊行されたもので、かつ過去に一度も文庫化されなかったものである。なるべくほかでは読めない作品を中心に選書したが、親本があったり、個人全集や作品集にのちに所収されたりするなどで、訳者が異なるものも含めてほかの書籍で読める作品も一部紹介した。なお紙幅の関係や筆者の読解力の問題などで取り上げられなかった作品も多々あるが、ご容赦を願う次第である。また、最も新しい「池澤夏樹＝個人編集 世界文学全集」（河出書房新社）については、池澤夏樹自身による全作品の内容紹介（『完全版 池澤夏樹の世界文学リミックス』〔河出書房新社、二〇一一年〕および『池澤夏樹の世界文学リミックス』〔河出文庫〕、河出書房新社、二〇一五年）があり、またカモガワ編集室編『カモガワGブックスVOL.4 特集：世界文学／奇想短編』（同人誌、二〇二三年）でもすべての作品がレビューされている。さらにネット・SNS上でも多くの紹介文を目にすることができるので、本書では特に力点を置かないことにした。

［3］対象作品の著者は、その項目の初出だけ人名の原綴（非アルファベット圏の作家については英語表記）と生没年を明記した。

［4］著者名、書名、出版社名と引用文は、いくつかの例外を除いて、旧漢字を新漢字に改めた。なお、仮名遣いは原文のままとした。

［5］第6章を除いた各章では作者の生年順に書籍を紹介した。

［6］書誌情報の著者名の表記は、取り上げている全集に合わせた。

［7］原則として、引用箇所のルビと傍点は削除した。

注

（1）各全集の所収作品の詳細については、矢口進也『世界文学全集』（トパーズプレス、一九九七年）および、『世界文学全集・内容綜覧』上・下（〔「世界文学綜覧シリーズ」第一巻〕日外アソシエーツ、一九八六年）、『世界文学全集／個人全集・内容綜覧』第二期（〔「世界文学綜覧シリーズ」第六巻〕、日外アソシエーツ、一九九八年）、『世界文学全集／個人全集・内容綜覧』第三期（〔「世界文学綜覧シリーズ」第十七巻〕、日外アソシエーツ、二〇〇五年）、『世界文学全集／個人全集・内容綜覧』第四期（〔「世界文学綜覧シリーズ」第二十巻〕、日外アソシエーツ、二〇一七年）を参照されたい。

はじめに

世界文学全集は日本独自のアンソロジーであり、リビングの書棚にズラリと並んでいる豪華な装丁の全集は、戦後の教養ある豊かな家庭のシンボルでもあった(1)。その起源をさかのぼると、先駆的なものとしては大正から昭和初期にかけての「世界名作大観」(全五十巻、国民文庫刊行会、一九二五―二九年)を挙げることができる。しかし主としてイギリス、アメリカ、ドイツ、フランス、ロシアの五大国で十九世紀に書かれた有名長篇小説を軸に据える、いわゆる典型的な世界文学全集のひな型になったものとしてなら、新潮社による円本の「世界文学全集」(第一期三十八巻、一九二七―三〇年、第二期十九巻、一九三〇―三二年)になるだろう。戦後は大手出版各社が競って毎年のように新しい世界文学全集の企画を打ち出していたが、一九八〇年代を境としてブームは突如過ぎ去る。グローバル化や価値観の多様化などの時代の変化によって、十九世紀欧米の文化や教養だけを偏重してありがたがる風潮が古くさいものになり、また人々も見えを張って読みもしない全集を飾っておくことの無意味さに気がついたからでもあるだろう。作家の個人全集や、特定の地域やテーマに限った文学全集、さらには緩やかにまとまった叢書の一環としての文学作品の刊行はその後も続くが、対象は各分野の読書家に限られ、当然ながら刊行部数も往年の世界文学全集に比べるべくもない。ちなみに、戦後の文学全集はどれも大量に売れたために現在の古書価格は悲しくなるほどに安く、「Yahoo! オークション」や「メルカリ」では全五十冊美本ぞろいでも一万円以下という値付けはざらにあり、同じものを文庫で買うよりはるかに格安でそろえられる。

各大手出版社から出ていた世界文学全集は総じて似たり寄ったりである。古典文学や二十世紀文学にあえて特化した特別なものを除けば、どの全集にも必ずと言っていいほどフョードル・ドストエフスキー『罪と罰』（一八六六年）やスタンダール『赤と黒』（一八三〇年）などが入っている。しかし他社のものと差別化しなくては商売にならないので、絶対に外せない名作以外に、ほかでは読めない独自の作品を、各社それぞれに紛れ込ませていた。なかには今日に至るまで、その全集所収のその一冊が唯一の翻訳というものもある。世界文学全集がなければ、これらのやや渋い作品が翻訳されることはなかったかもしれないので、その意味では世界文学全集はありがたいものだった。そしてもう一つ、世界文学全集の巻末に置かれた作家と作品についての解説は総じて非常に充実している。例外的に旺文社文庫と講談社文芸文庫だけがかろうじて比肩できる内容を有するものの、他社の文庫では比較にもならない。スペースさえ許すなら、同一作品同一訳でもあえて世界文学全集で架蔵する意義は大きい。

本書では、世界文学全集の深い森を探索し、ありふれた有名作に隠れて目立たず、文庫化されることもなく、ほかではなかなか読むことができない貴重な一点一点を発掘して紹介する。これまで紹介してきた絶版新書や絶版文庫とは違い、ここで紹介する本を手に取って読むことのハードルははるかに低い。ありがたいことに世界文学全集は多くの公共図書館に収蔵されているからである。

また、部数が多かったのに加えて、(ものにもよるが)立派な装丁のために文庫や新書のように読み捨てられることがあまりなかった。全集の端本は一般的には二束三文の均一本だから、よほど価値に詳しい古書店でなければ安く見つかる可能性も高いのである。気になる本があったらぜひご一読をお勧めしたい。

一つだけ注意事項を。拙著『絶版新書交響楽——新書で世界の名作を読む』(青弓社、二〇二一年)、『絶版文庫万華鏡』(青弓社、二〇二二年)と同じく、本書では作品の紹介に際して梗概を書いている。面白そうだから読んでみたくなるメリットのほうが、ネタバレによるデメリットを上回ると考えているからである。ただし、内容に応じて一部の本では結末部をぼかして書く配慮はしたつもりである。

最後になったが、この分野の体系的先行研究として、いくつかの著作を紹介する。

第一には矢口進也『世界文学全集』(トパーズプレス、一九九七年)を挙げなくてはならない。第一章「世界文学全集への道」では、大正から戦前にかけて、世界文学全集の前史からその登場までが詳細な書誌情報とともに紹介されている。第二章「世界文学全集を読む」では、雑誌「BOOK MAN」(第一号—第四号:イデア出版局、第五号—第三十号:トパーズプレス、一九八二年—九一年)に連載された原稿(第五号から第三十号)をもとに、多様な側面から世界文学全集所収作品を選び出し、エッセー風に紹介している。さらに第三章「世界文学全集総観(戦後編)」では、各社の世界文学全集の内容が一覧になっている。書誌情報も含めて高い完成度をもつ矢口のこの本があるのに、いまさら世界文学全集について何を語ることができるのか。矢口が取り上げた作品との重複をなるべく避けるように心がけ、同じ作品については異なる視点から紹介するように努めたつもりだが、屋上屋を架すことになったかもしれない。矢口ならびに読者にはご容赦を願う次第である。なお各社全集の詳細なリストは、雨宮孝「ameqlist 翻訳作品集成（Japanese Translation List）」（〔https://ameqlist.com/〕［二〇二四年十二月十八日アクセス］）にも掲載されていて、大いに役に立った。労作に心から感謝を申し上げたい。

もう一冊、秋草俊一郎『「世界文学」はつくられる――1827-2020』（東京大学出版会、二〇二〇年）も、ここで取り上げないわけにはいかない。これは日本、アメリカ、ソビエト連邦の「世界文学全集」出版や近年の「世界文学」をめぐる研究動向を踏まえて書かれた、本格的な学術書である。本書の内容と関連深い第二章「「世界文学全集」の時代――『ハーヴァード・クラシックス』と円本版『世界文学全集』1909-1932」では、新潮社、河出書房、集英社の各種全集を取り上げて、日本での世界文学全集の盛衰を簡潔にまとめている。(2)

見かけはどれも同じようでも、世界文学全集の世界も実は百花繚乱、まるで万華鏡のなかの世界のように見飽きることがない。個性的で多種多彩な魅力に満ちあふれていることを読者に伝えられたらと思う。こんな本を書いてみたいという筆者のいつもながらのわがままを今回も受け止め、励ましてくれた青弓社の矢野恵二さんには、心からの感謝を申し上げたい。筆者はただの本好きである。プロの研究者からみれば拙いことや不正確な記述もあるだろう。これもご寛恕願えればありがたい。

ともあれ、読者のみなさま、世界文学全集の森へ、ようこそ。

注

（1）秋草俊一郎が指摘しているように、厳密にはソビエト連邦（ロシア）やアメリカでも、巻数をあらかじめ定めて世界の文学作品を所収する叢書やアンソロジーは出版されてきたので、この表現には若干の語弊が伴う。ただし、短期間に複数の出版社がそれぞれいくつもの世界文学全集を競うように出版して、それらが広く受け入れられていたというのは、日本独特の現象であることは確かである。

（2）そのほかの世界文学全集関連書としては、まず田坂憲二『文学全集の黄金時代――河出書房の1960年代』（〔Izumi books〕、和泉書院、二〇〇七年）がある。河出書房―河出書房新社が同時にいくつも並行して刊行した世界文学全集を徹底して調査し、ほぼ同一内容の異装本ということで矢口があえて言及していない「世界名作全集　カレッジ版」（全二十四巻、一九六六―六七年）、「ポケット版世界の文学」（全二十五巻〔第二十二巻から第二十五巻は欠巻〕、一九六七年）、「キャンパス版　世界の文学」（全二十五巻〔第一巻、第二巻、第六巻、第七巻、第十二巻から第十七巻、第二十一巻、第二十二巻、第二十四巻、第二十五巻は欠巻〕、一九六七―六八年）についても、その相違点が詳しく明記されている。斎藤美奈子「文学全集とその時代」（河出書房新社編集部編『池澤夏樹、文学全集を編む』所収、河出書房新社、二〇一七年）も簡潔明快に世界文学全集の歴史をまとめている。丸谷才一／鹿島茂／三浦雅士『文学全集を立ちあげる』（〔文春文庫〕、文藝春秋、二〇一〇年）は、古典から現代までの作品を厳選して、全三百巻の架空の全集を作ろうという鼎談。実現見込みなどないお遊びなのだが、圧倒的な知識と教養をもつ才人三人が、われ先にと推薦書を挙げる一方で、意外な作家・作品を切り捨てていくところが面白い。

第1章 イギリスの文学

ダニエル・デフォー「ロクサーナ」

山本和平訳、スウィフト／デフォー『スウィフト ガリヴァ旅行記／デフォー ロクサーナ』所収、中野好夫／山本和平訳（「集英社版 世界文学全集 ベラージュ」第十巻）、集英社、一九八一年

一七二四年に出版された本作は、ダニエル・デフォー（Daniel Defoe、一六六〇―一七三一）最後の作品であり、岩波文庫に所収されている『モル・フランダーズ』（一七二二年）に比べて知名度でこそ劣るが、どちらも癖が強い女主人公の波乱に満ちた生涯を描いていて、ある意味で両者は対になる双生児とも言える。『モル・フランダーズ』の主人公がすりの名人でついには監獄につながれるのに対して、「ロクサーナ」の主人公は高級娼婦で、男たちから貢がれた金で巨万の富を蓄えていく。

主人公であるロクサーナは、見栄えがいいだけの軽薄な愚か者と結婚したために、商売は破綻し、夫は失踪してしまい、残された子どもたちと餓死寸前になるという苦い経験をする。結婚にこりごりしたことで、腹心の女中エイミーとともに運命に立ち向かい、自分の行為に多少の罪の意識はありながらも、以後は宝石商や某大公らと次々と愛人関係を結ぶ。ロクサーナが結婚ではなく愛人関

係にこだわったのは、妻になると夫に隷属して財産も夫が管理するが、愛人なら自分の財産を蓄えられるからだ。ちなみにロクサーナとは、豪奢なサロンで主催した舞踏会で、トルコ風の衣装で踊って人々を魅了した際に主人公に付けられたあだ名である。巧みな投資戦略で財産を増やし、十分な富を得たのですっかり過去と縁を切ったロクサーナは、そんな経歴を全く知らない、かつての愛人のオランダ商人と結婚し、伯爵夫人の称号まで手に入れる。しかし、ある舞踏会の場にいた召使のなかに、親戚に押し付けてそのままになっていた最初の夫との娘の一人が交じっていて、過去の悪行が夫にも世間にも発覚しそうになる。ところがなんと腹心の召使エイミーが主人（と経済的に密接な自分）の危機を救うために娘を殺してしまう。わが子への愛情は希薄だったロクサーナだが、さすがに罪の意識を感じる……。娘が登場する前は同じような話の繰り返しで正直やや退屈な展開だったが、しぶとく付きまとう娘によって危うく正体がばれる寸前まで追い詰められていく最後の四分の一に差しかかると、ストーリーはがぜんスリリングで面白くなる。

十八世紀的な結婚制度が女性にとってどれほど不利益なものかを痛烈に批判する進歩的な側面を見せたデフォーだが、当時の保守的道徳観の限界から、ロクサーナの生きざまを全肯定することはさすがにできかねたようだ。ロクサーナ自身が随所で娼婦を日陰者で罪深い存在と悔い嘆き、償いのために最初の夫との子どもたちへ匿名で経済援助をするエピソードも挿入されている。さらに小説の最後の数行には、セレブとして満喫したオランダでの生活が数年しか続かず、災難で零落したことが、ごくごくさらりと書かれている。ロクサーナ自身が述懐するように、実の母親を探したい一心だったかわいそうな娘を死なせた天罰というわけだろう。だが男たちから富を吸い上げては蓄財し、底辺から頂点へと上り詰めていくロクサーナの生きざまに、多くの読者は痛快さを感じていたことだろう。そんな読者にとって、いくら正義の名の下とはいえ、彼女の没落の経緯に関わるこまごまとした記述は受け入れられそうもないことは、著者にも容易に判断できたはずだ。このような釈然としない結末になった理由はそこらあたりにあるのではと考えられる[1]。

訳者は一橋大学で長く教鞭をとった山本和平。不勉強な筆者は本作の翻訳で初めてお目にかかったが、一分の隙もない完璧な訳文や明快な「解説」に感銘を受けた。文庫で読めるようになり、ほとんど知られていない本作が注目される日がくることを願う次第である。

注

(1) 本作のもう一つの翻訳、ダニエル・デフォー『ロクサーナ』(槐書房、一九八〇年)の訳者である宮崎孝一も、この結末については同じ趣旨の見解である(宮崎孝一「「ロクサーナ」考」、成城大学文芸学部編「成城文芸」第九十四号、成城大学文芸学部、一九八〇年)。

サミュエル・リチャードソン『パミラ』

①海老池俊治訳、リチャードソン／スターン『リチャードソン　パミラ／スターン　トリストラム・シャンディ』所収、海老池俊治／朱牟田夏雄訳（「世界文学大系」第七十六巻）、筑摩書房、一九六六年／②海老池俊治訳、『リチャードソン／スターン』所収、海老池俊治／朱牟田夏雄訳（「筑摩世界文学大系」第二十一巻）、筑摩書房、一九七二年

一七四〇年に発表された、主人公である召使の少女パミラが両親に宛てた手紙（幽閉されたときには日記）を中心に構成された相当に長大な書簡体小説。[1] 貧しい家の娘で身分こそ低いものの、美貌と貞淑さを備えたパミラだったが、仕えていた屋敷の老婦人亡きあと、単なる情欲の対象として関係を迫る若主人の執拗かつ強烈なセクシュアルハラスメントとパワーハラスメントに直面する羽目に。主人対召使という圧倒的に弱者の立場ながら、信仰と父母の教えを支えに操を固く守り通し、屈することなく自分の考えを述べ、賢明にかつ誇り高く振る舞うことで、ついにパミラは根負けした若主人を改心させ、正式な妻として迎え入れられる。身分違いの結婚からくる様々な苦労もあったが、それに耐えて状況を克服した彼女が、当初は懐疑的だった周囲からも屋敷の女主人として認められていく後日談が添えられている。

リチャードソン／スターン『リチャードソン パミラ／スターン トリストラム・シャンディ』

この作品によって、サミュエル・リチャードソン（Samuel Richardson、一六八九—一七六一）は近代小説の父と呼ばれるようになった。①「世界文学大系」の「解説」で訳者が詳述しているように、一七一〇年代から二〇年代に発表されたジョナサン・スウィフト『ガリバー旅行記』（一七二六年）やデフォー『ロビンソン・クルーソー』（一七一九年）のような実生活からかけ離れた物語とは一線を画し、隣近所にもありがちな日常がフィクションの出発点になっているからである。とりわけ、若い女性の心理の揺れ動きが陰影深く丁寧に描かれているところなどは、ジェイン・オースティンら後世のイギリス文学に大きな影響を与えた。鈴木万里の指摘にあるように、中産階級が支持するピューリタン的倫理観を根底としたパミラの物語は、美徳は社会的地位よりも価値があると主張する中産階級から圧倒的支持を集めたが、[2] 一方では四十八条にもわたる妻の務めを列挙し、最後にはご丁寧にも物語から得られる教訓を作者が総括するなど、あまりに教訓譚すぎるところを嫌う人は当時もいたようである。有名なところでは、ヘンリー・フィールディング作とされている『シャミラ』（一七四一年）のように、心根の卑しい両親にけしかけられ、打算的な娘パミラ（その本名はインチキを意味するシャミラ）が若主人を手玉に取って財産の乗っ取りを企てるという、ヒット作に対する悪意に満ちたパロディーも書かれた。[3]

本作の問題点は一つ。一応はパミラの考えやおしゃべりがそのまま文章になっている感じなので、訳文のよさもあって読みにくくはない。だが、例えばオースティンが好きな読者ならば全く抵抗なく浸り続けられる世界なのだろうが、筆者のような還暦を過ぎたオジサンには、何だか孫ほども年の差がある若い娘の私生活を覗き見るかのようで、居心地の悪さが募っていく気分が拭えなかった。後半は説教色が濃くて正直つまらなくなってしまったが、それでも、あまりにパミラがいじらしく、そのけなげな一挙手一投足に目が離せなくなって、本作を一気に読了できる同世代の読書家もいるかもしれない。そんな人が素直にうらやましい次第である。

注

（1）①「世界文学大系」と②「筑摩世界文学大系」いずれも、ローレンス・スターン「トリストラム・シャンディ」（朱牟田夏雄訳）とあわせて、三段組みの活字がぎっしり詰まった全集の一冊になっている。「トリストラム・シャンディ」は同じ訳で岩波文庫があるが、「パミラ」はついに文庫化されなかった。両作はほぼ同じ長さであることから、本作がもし文庫になっていれば千百ページほどの分量の二冊本ないし三冊本になっていたと考えられる。なお本作には原田範行による新訳があり（サミュエル・リチャードソン『パミラ、あるいは淑徳の報い』〔「英国十八世紀文学叢書」第一巻〕、研究社、二〇一一年）、八百ページを超える分厚い一冊になっている。また、もう一つのサミュエル・リチャードソンの小説『クラリッサ』（一七四八年）はさらに長大だが、渡辺洋による四百万字にも及ぶ翻訳をオンラインで無料で読むことができる。サミュエル・リチャードソン『クラリッサ』渡辺洋訳

(https://eprints.lib.hokudai.ac.jp/dspace/html/2115/76756/clarissa.pdf)［二〇二四年十二月十九日アクセス］

（2）鈴木万里「18世紀英国小説に見られるロマンス構造の意味」、東京工芸大学芸術学部紀要編集委員会編「芸術世界――東京工芸大学芸術学部紀要」第十三号、東京工芸大学芸術学部、二〇〇七年、八八―八九ページ

（3）ロナルド・リチャード・ロバーツ『エディソン郡のドブ』（安部譲二訳、扶桑社、一九九四年）など、今日でもこうしたパロディー本はしばしば刊行されている。

ヘンリー・フィールディング「大盗ジョナサン・ワイルド伝」

袖山栄真訳、ケベード／ル・サージュ／フィールディング『ケベード／ル・サージュ／フィールディング 悪漢小説集』所収、桑名一博／中川信／袖山栄真訳（「集英社版 世界文学全集 ベラージュ」第六巻）、集英社、一九七九年

ジョナサン・ワイルドは十八世紀初頭に実在した組織犯罪集団のボスである。ロンドン中の盗賊

たちを束ね、彼らの盗品をタダ同然で買い上げ、それをもとの持ち主に大金で売りさばく盗品故買を主業として私腹を肥やした。反抗する配下は容赦なく密告して判事に引き渡す冷酷さで、組織の鉄の規律を維持していたが、ついには逮捕されて処刑された。ワイルドの生涯を悪党の一代記という形式で小説化(一七四三年)したヘンリー・フィールディング(Henry Fielding、一七〇七—五四)は、彼の毒牙の犠牲になって破産させられたうえに死刑に処せられそうになる気の毒な善男トマス・ハートフリーとその妻の物語を脇筋に加えることで、大衆をハラハラさせる読み物にすることに成功している。

フィールディングの筆は一見すると逆説的である。家族への情愛に満ちた正直者ハートフリーや彼に忠義を尽くすフレンドリーを「低級」「愚か」と断じる一方で、ワイルドに言及する際には、必ずといっていいほど頻繁に「偉大」と形容するのだ。その理由は本作が書かれた背景を知ると腑に落ちる。飯沼馨『ジョナサン・ワイルド』について(1)」はこの小説を論じた貴重な文献だが、そこで指摘されているように、ワイルドが考える偉大な人間とは、「自分の利益のために、「他人の手」を使う連中」であり、「その「高貴にして偉大な連中」」として、「征服者、専制君主、政治家、どろぼう」が挙げられている。すなわちフィールディングはワイルドに語らせる形態をとって、「どろぼうたちを組織して首領におさまるワイルドと、政治家たちのかしらである首相を同等視して(1)」いるのだ。それは当時、反対派から The Great Man と皮肉られ、「狡猾・破廉恥・貪欲」で知られたロバート・ウォルポール首相への痛烈な揶揄なのだった。飯沼はそのほかにもワイルドの祖先の記述や、身持ちが悪い妻との不仲な関係など、小説中のワイルドとウォルポールをオーバーラップさせている十三もの箇所を指摘していて、当時の読者ならばそれを一読して理解できたと考えられる。本作は悪漢小説の外見を装った政治小説なのである。

ちなみに、第四巻第十六章に列挙されているワイルドの座右の銘はその悪辣ぶりを端的に表してはいるが、世知辛い世の中を泳ぎ渡るにあたって、現代にも通じる知見を含んでいてなかなかに感銘深い。次に少し紹介しよう。

「おのが目的を達するに必要とされる以上に、他人に危害を加えざること。そのゆえは、危害は貴重にして浪費すべからざるものであるから」

「情の赴くままに人に差別を設けず、万人わけへだてなく、おのが利益の犠牲に供すべきこと」

「実務を委ねるに当たっては、業務内容を必要以上に口外すまじきこと」

「自分が騙されたことのある男、自分に騙されたことを心得ておる男、いずれにも信を措くべからざること」

「敵を決して許さざること。但し復讐に当たっては、油断なく、時には手間ひまを厭わざること」

「配下相互の間に、嫉妬を醸成して永続せしむること」

「功績にたいしては応分の報酬を与えざること。しかも折あるごとに過分なりしことを想起せしむること」

本作は『ケベード／ル・サージュ／フィールディング　悪漢小説集』（桑名一博／中川信／袖山栄真訳〔「集英社版　世界文学全集　ベラージュ」第六巻〕、集英社、一九七九年）のタイトルの下、フランシスコ・デ・ケベード「大悪党（ブスコンの生涯）」（桑名一博訳）とアラン＝ルネ・ル・サージュ「悪魔アスモデ」（中川信訳）とあわせての一冊本として刊行されたが、どちらの作も文庫では読めない点では本作と同じである。先行訳であるフィールディング『快盗一代記――ジョナサン・ワイルド』（村上至孝訳［「世界文学叢書」第五十三巻］、世界文学社、一九四九年）ともども、今日では本作を読むには古書か図書館の蔵書に頼ることになる。フィールディングは朱牟田夏雄訳の岩波文庫で『トム・ジョウンズ』（全四巻、岩波書店、一九五一―五五年、一九七五年改版）と『ジョウゼフ・アンドルーズ』上・下（岩波書店、二〇〇九年）が出版されているものの、『シャミラ』（能口盾彦訳、朝日出版社、一九八五年）、『この世からあの世への旅』（三谷法雄訳、近代文芸社、二〇一〇年）、『アミーリア』（三谷法雄訳、近代文芸社、二〇一六年）、『リスボン渡航記』（鳥居塚正訳、ニューカレントインターナショナル、一九九〇年）などの作品は、訳はあっても現在入手困難なうえに、出版社がマイナーなこともあって架蔵図書館も多くなく、もちろん文庫化もされていない。さらに戯曲に至っては翻訳がそもそもほとんど見当たらない惨状である。一般読者への普及が遅れている作家の一人なので、今後の新たな企画を待ちたいものである。

注

（1）飯沼馨「『ジョナサン・ワイルド』について（1）」「英文学評論」第十六号、京都大学教養部英語教室、一九六四年、一五ページ

ウォルター・スコット「ケニルワースの城」

①朱牟田夏雄訳（「世界文学全集 デュエット版」第六巻）、集英社、一九七〇年／②朱牟田夏雄訳、スコット／コンスタン『ケニルワースの城 スコット／アドルフ コンスタン』所収、朱牟田夏雄／安藤元雄訳（「世界文学全集 愛蔵版」第八巻）、集英社、一九七五年／③朱牟田夏雄訳（「集英社版 世界文学全集 ベラージュ」第十六巻）、集英社、一九七九年

スコットランド出身のロマン主義の大作家ウォルター・スコット（Walter Scott、一七七一―一八三二）による、エリザベス一世とその寵臣レスター卿をめぐる傑作歴史長篇小説（一八二一年）である。

レスター伯爵ロバート・ダドリーは独身の女王の寵愛を受け、女王の夫として王になるともっぱらの噂である。実は伯爵には秘密裏に結婚した貞淑な妻エミーがいるが、夫の野心的出世の妨げになるため、長らく幽閉されている。伯爵が居を構えるケニルワース城へ女王が御幸した折には、危うく妻帯が女王に露見しそうになる。そして、腹黒い部下のヴァーニーから妻エミーの不貞の疑惑を吹き込まれると、愚かにもそれを信じた伯爵は妻の殺害を命じてしまう。やがて伯爵の妻帯もエミーの無実も白日の下にさらされたが、すでにエミーの命は悪党の前に風前の灯だった……。

歴史の歪曲があり、人物の心理描写も十分でないなど、スコットの小説は古い大衆小説と軽んじられる傾向もあるようだが、先の展開が気になって本を手放せないストーリーの妙味はさすが当時の大ベストセラー作家である。本作では、ウィリアム・シェイクスピア『オセロー』（一六〇二年）のイアーゴにも比肩する徹底的な野心家で偽善者の悪玉ヴァーニー、「突然の気まぐれ」や「嫉妬深い暴君的な気質の爆発」という父親ヘンリー八世譲りの性格を臣下にぶちまける、まさに主君としていただくのは悲劇でしかないエリザベス一世、ヴァーニーの奸計を見抜けぬばかりか、判断力も決断力もゼロの、ただただ凡庸なレスター伯爵、後半で重要な役回りを演じる才気に富んだ少年フリバティジベットなど、登場人物それぞれのキャラクターが粒立っていて印象深いものがある。のちにアメリカのバージニア植民地を開いた若き日のサー・ウォルター・ローレイ（ローリー）も端役で登場する。

スコット『スコット ケニルワースの城』

本作が気に入ったらぜひあわせて次の二作品も鑑賞されることをお勧めしたい。ガエターノ・ドニゼッティの歌劇『ケニルワース城のエリザベッタ』は本作をもとに作曲され一八二九年に初演された。女王三部作（『アンナ・ボレーナ』〔一八三〇年初演〕、『マリア・ストゥアルダ』〔一八三五年初演〕、『ロベルト・デヴリュー』〔一八三七年初演〕）以前の比較的初期の作品のためにめったに上演されないが、二〇一八年のベルガモ・ソシアーレ劇場での公演が映像化され、日本語字幕付きで手軽に鑑賞できるようになったことは望外の喜びである。配役は女王役にジェシカ・プラット（ソプラノ）、アメーリア（エミー）役にカルメラ・レミージョ（ソプラノ）、レスター伯はサビエル・アンドゥアーガ（テノール）。グラスハーモニカとハープの伴奏が印象的な第三幕のアメーリアのベルカント・アリア「今もあの方の言葉が聞こえるかのようだわ」はしばしば単独でも歌われるが、失った夫の愛を懐かしむレミージョの歌唱は絶品である。なお、オペラではエミー救出を画策するトレシリアンは出てこず、彼女も殺されることなく大団円の結末になる。

一九九八年の映画『エリザベス』（監督：シェカール・カプール）は本作を原作にしてはいないが、同じ歴史的事実を扱っている。異母姉メアリー一世に自由を奪われていた少女時代から、伯爵との愛を諦めて国家と結婚する決意を固める鉄の心をもった孤独な絶対君主になるまでの前半生が描かれている。配役は女王にケイト・ブランシェット（最後の白塗りの表情は鬼気迫る）、伯爵にジョセフ・ファインズ。十六世紀の衣装や美術が美しく再現された圧倒的な歴史絵巻である。

本作は初め①の「世界文学全集 デュエット版」に所収されたが、「訳者後記」によると項数の関係で原稿にして数十枚をカットせざるをえなかったということで、各章冒頭に添えられた古劇や詩が削除され、「主要ならざる人物の会話」も縮められている。その後本作は②の「世界文学全集 愛蔵版」、③の「集英社版 世界文学全集 ベラージュ」にも所収された。③の「訳者後記」で、「デュエット版でカットした部分がすべて復活できたのは、訳者としての喜びである」「これをもってこの訳の決定稿にしたい」とあるように、同じに見えても実は③だけが完訳であり、せっかく読むならぜひこちらをお薦めしたい。なお①で訳者は、この翻訳は起源をたどると、一九四七年にスコット選集の企画があり、十巻ほどのスコットの小説が候補に選ばれ、そのときに着手されたと記している。出版社の資金不足でスコット選集の企画は頓挫したが、ドニゼッティの名作歌劇『ランメルモールのルチア』（一八三五年初演）の原作の『ラマムアの花嫁』（一八二五年。なんと明治時代の坪内逍遥による部分訳〔『春風情話』〕しかない！）など、このときに翻訳出版が実現していればと思うと残念でならない。

チャールズ・ディケンズ「バーナビー・ラッジ」

①小池滋訳、『バーナビー・ラッジ ディケンズ』小池滋／中川敏訳（「世界文学全集 愛蔵版」第十五巻）、集英社、一九七五年／②小池滋訳、川村二郎／菅野昭正／篠田一士／原卓也編、エミリー・ブロンテ／チャールズ・ディケンズ／トマス・ハーディ『イギリスⅡ』所収、永川玲二／小池滋／井出弘之訳（「集英社ギャラリー 世界の文学」第三巻）、集英社、一九九〇年

一七八〇年にロンドンで起こった反カトリック暴動であるゴードン騒乱を題材にしたチャールズ・ディケンズ（Charles Dickens、一八一二—七〇）最初の歴史小説（一八四一年）であり、謎めい

ディケンズ『バーナビー・ラッジ ディケンズ』

た殺人事件を物語の中心に据えた最初のミステリでもある(1)。登場人物も多くやや込み入った話なので、詳細な梗概はディケンズ・フェロウシップ日本支部による紹介を参照されることを勧めたい(2)。前項のスコットの小説とは違い歴史上の事件はあくまで背景で、主に二組の若い男女、家同士の宿怨がじゃまをするエドワード・チェスターとエマ・ヘアデイル、横やりを入れる恋敵や親の無理解に悩まされるジョー・ウィレットとドリー・ヴァーデンが幸福をつかむまでの紆余曲折が物語の主軸になっている。加えて軽度の知的障害がある母親思いのバーナビー・ラッジが、騒乱に巻き込まれ英雄に祭り上げられたあげく投獄され、ヘアデイル卿（エマの父）らの力で解放されるまでの物語が第二の軸である。さらに、二十二年間雲隠れしていた殺人事件の実行犯であるラッジの父、宗教騒乱の大義名分を借りて私怨を晴らそうとゴードンを利用するガッシュフォードら不平分子たち、エマとドリーを略奪・監禁する馬丁のヒュー、紳士の仮面の下に悪事をはたらくエドワードの父など、最後に罰せられ死んで当然の悪党どもが多数登場して、それぞれの局面で善人たちをピンチに追い込む。お決まりのハッピーエンドを迎えるまで、特に後半は緊迫して本を手放せない。

それほどの活躍をするとは思えないだけに、タイトル「バーナビー・ラッジ」がはたして最適なのかどうかは、個人的には多少疑問の余地がある。ともあれ「長年の構想を熟させて書いた苦心の作」(「訳者解説」、以下、同)である本作は、伏線回収など筋の巧妙さに優れていて、とかく行き当たりばったりが普通だった初期ディケンズ作品のなかでは異色の風合いが特徴である。もっとも人物造形の見事さと魅力は本作でも健在で、訳者は「特に絶品なのは(略)いやな女の描写」として、ヴァーデン夫人(ドリーの母マーサ)やミッグズ(ヴァーデン家の小間使い)を挙げているが、なるほど「現実に一緒に生活したら(略)生きているのがいやになってしまう」と表現するしかない。特に後者はわざと主人夫婦の仲を裂こうとし、美人なドリーへの嫉妬心から彼女に心を寄せる男たちに憎しみをぶつける、まさに「横綱大関級」の性悪女で嫌悪感が収まらない。(3)

①の「世界文学全集　愛蔵版」は「クリスマス・キャロル」(中川敏訳)を併収している。②の「集英社ギャラリー　世界の文学」にはエミリー・ブロンテ「嵐が丘」(永川玲二訳)とトマス・ハーディ「ダーバヴィル家のテス」(井出弘之訳)が所収されている。ちなみに本作は文庫化こそされなかったが電子書籍でも読める(グーテンベルク21)。田辺洋子による新訳も出た(チャールズ・ディケンズ『バーナビ・ラッジ　新訳』あぽろん社、二〇〇三年)。

注

(1) 最初の一章を一読したエドガー・アラン・ポーに簡単にトリックを見破られたそうだが。

(2) ディケンズ・フェロウシップ日本支部「バーナビー・ラッジ」(http://www.dickens.jp/archive/br/br-outline.html)[二〇二三年五月三十一日アクセス]

（3）とはいえ、チャールズ・ディケンズ作品に限らずヴィクトリア朝英文学にしばしば登場する、殺意を覚えるほど底なしに浅はかな女（例えばディケンズ『ニコラス・ニクルビー』〔一八三八―三九年〕のニクルビー夫人）などが、勧善懲悪の物語でありながらひどい目にさえ遭わないことからくる読後感の悪さと比べたら、個人的にはまだましかもしれない。

ジョージ・エリオット「フロス河の水車場」

①『フロス河畔の水車場』工藤好美／淀川郁子訳（「世界文学全集　第一期・十九世紀篇」第十八巻）、河出書房、一九五〇年／②「フロス河の水車場」『ジョージ・エリオット　フロス河の水車場／とばりの彼方』工藤好美／淀川郁子訳（「世界文学大系」第八十五巻）、筑摩書房、一九六五年

ヴィクトリア朝期の女性作家ジョージ・エリオット（George Eliot、一八一九―八〇）の長篇第二作（一八六〇年）で、幼少時代を取り上げた自伝的小説。理解ある姉の死に直面し、妻子あるジョージ・ヘンリー・ルイスとの同棲が発覚して社会から厳しい批判にさらされていた時期の作品であるため、全体に暗鬱な雰囲気に包まれている。

作者の分身である主人公マギー。一本気が高じて破産する父親タリヴァー、破滅的なまでに暗愚な母親、自分の正義を振りかざすだけの偏狭で冷酷な兄のトム、けちで独善的な親族たちなど、取り巻く登場人物の多くは腹立たしくなるほどに癖が強すぎる人間ばかりである。水車場の用水権をめぐって父を破産させた弁護士ウェイクムを憎悪するトムは、ウェイクムの息子で心優しいフィリップとマギーの愛を許さない。他方、マギーの数少ない理解者であるいとこのルーシーには婚約者スティーブンがいたが、彼とマギーがお互いに心引かれるようになる。ルーシーに対して不誠実なことはできず、言い寄るスティーブンに道徳的良心から抵抗するマギーだったが、二人が乗ったボートが流される不運も重なり、周囲から糾弾され兄に家を追い出される身に。それでもルーシーとフィリップだけは彼女を見捨てない。そして突然の大洪水が襲来。あれだけ無理解に虐げられても幼少時代から抱いていた兄への愛情は深く、マギーは水車小屋にいる兄を救助しようと危険を顧みずボートを漕ぐ……。

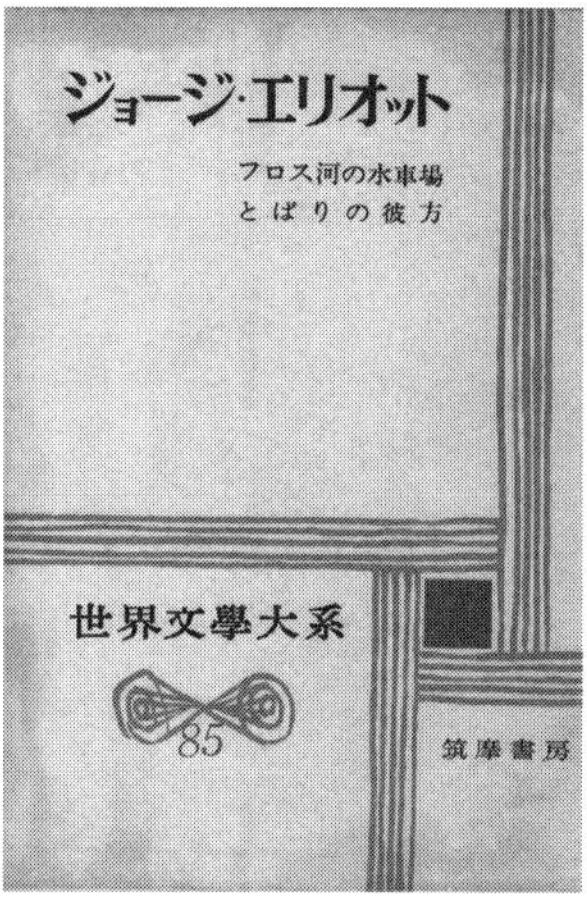

ジョージ・エリオット『ジョージ・エリオット　フロス河の水車場／とばりの彼方』

マギーの性格に親しめる人なら楽しく読める長篇であることは間違いない。イギリス中部の田園情緒あふれる地方生活が眼前に展開するかのように写実的な描写だ。ラテン語を中心にした教育の役立たずぶりを皮肉り、文中に含蓄がある警句が散見されるところなど、本筋と関係ない部分も読み手を引き付けるものがある。ただし到底看過できない欠点もある。ルーシーとフィリップはとことん善人で、リアルさに欠ける。最後になって母親や伯母の態度が急変してマギーを擁護するところなどは、ストーリー展開にずいぶん無理を感じさせる。そして何よりも、全体を通してあれだけ心が通っていない兄と妹がすべてを浄化するかのような和解に達する唐突なラストは個人的には理解不能で全然いただけない代物だ。

なお、②の「世界文学大系」には異色の怪奇中篇小説「とばりの彼方」(工藤好美/淀川郁子訳)が所収されていて貴重である。工藤好美と淀川郁子の訳は一九九四年に文泉堂出版からもジョージ・エリオット『ジョージ・エリオット著作集2』として復刻された。さらに彩流社からも新訳が出た(ジョージ・エリオット『フロス河畔の水車場』植松みどり訳〔「ジョージ・エリオット全集」第三巻〕、彩流社、二〇二二年)。加えて集英社や講談社からはジュブナイル版も出ていた。大作『ミドルマーチ』の文庫が二種[1]もあるように、エリオットが以前は考えられなかったほど注目されている現在、文庫化が最も待たれる作品だと思う。

注

(1) どちらも全四巻で、ジョージ・エリオット『ミドルマーチ』(工藤好美/淀川郁子訳〔講談社文芸文庫〕、講談社、一九九八年)と、同『ミドルマーチ』(廣野由美子訳〔光文社古典新訳文庫〕、光文社、二〇一九—二一年)。なお、本書の校正段階で、本作が小尾芙佐訳で白水Uブックス(白水社)から近刊との情報を得た(『フロス河の水車小屋』上・下、二〇二五年三月刊行予定)。

ジョージ・エリオット「ロモラ」

工藤昭雄訳（「集英社版 世界文学全集 ベラージュ」第四十巻）、集英社、一九八一年

十六世紀イタリア・フィレンツェを舞台にした、エリオット唯一の歴史小説（一八六三年）。メディチ家の没落からジロラモ・サヴォナローラ独裁、そしてイタリア戦争とサヴォナローラの火刑死という時代背景の下、女主人公ロモラの人生への覚醒を描いている。

ジョージ・エリオット『ジョージ・エリオット ロモラ』

几帳面で高潔な心をもつロモラは、盲目の父の古典研究を手伝うだけで社会から隔絶して生きてきたが、明るい物腰の才人で「やさしいエゴイスト」（海老根宏による「解説」）のティートと出会い結婚する。しかし理想の夫と思えたティートは、他人を踏み台にして平気でいる野心の塊であるばかりか、ロモラの父の遺品の古典籍や写本などを勝手に処分してしまう。さらには奴隷として捕ら

われた養父を助けようともせず見殺しにする卑怯者で、愚かな田舎娘テッサを騙して子どもまで産ませる破廉恥な男だった。すべてを知ったロモラは夫を見放し、自らの喜びを追うことを諦め、サヴォナローラの教えに帰依する。しかし厳格いちずな神権政治家サヴォナローラのメッキは次第にはがれ、人心を失って失脚。失望したロモラはどう生きるべきかという再度の危機に直面する……。

物語の最後、ペストに苦しむ村人たちのために夢中で奉仕したことでロモラは人生の意義を見いだし、自己犠牲によって他人を救う人生を選ぶ。そしてティートの死後にテッサと子どもたちに対しても苦い無私の献身をする。「むやみに自分の狭い楽しみばかり気にして得られるような幸福はつまらないものにすぎないわ。偉い人にあい添う最高の幸福は、ひろい考えを持ち、自分ばかりでなく世間のほかの人たちにも深い思いやりをもって、はじめて得られるものなの。そしてこういう幸福にはともすればひどい苦しみがともなうの。そのため、それこそ自分の魂が正しいと認めているからほかのなによりもさきに選ぼうとしているものだということで、やっと苦しみとの区別がつくくらいなの。この世には間違ったことや困難なことがいっぱいあるから、楽しみや報酬のことをやたら考えるのをやめて、つらいことや苦しいことに耐える力を身につけなければ、だれだって偉くはなれないわ」。そうテッサの息子リッロに語りかけるロモラの言葉には、幾度もの挫折を味わい、そのつど立ち上がってきた人生遍歴の末に勝ち得た重い真実味がある。

膨大な資料を収集して正確を期したという、著者のきわめて綿密な時代考証にはとにかく敬服させられる。近世ヨーロッパ史に知識や関心がある人ほどこの小説の世界観にのめり込み、絵画的な描写にあたかもその時代に生きているかのような錯覚さえ抱くかもしれない。いかにもヴィクトリア朝の才媛の手になる倫理的でお堅いストーリー展開は楽しめなくても、知的興奮に満足感を味わうポイントは多数見いだせるだろう。

本作のわが国への紹介は意外と早い。抄訳というか自由訳ではあったが、一九二九年に賀川豊彦訳が出ている（エリオット『ロモラ』〔「世界大衆文学全集」第三十三巻〕、改造社）。児童向けだが谷村まち子訳（G・エリオット『愛の天使ロモラ』〔「少女世界文学全集」第三十五巻〕、偕成社、一九六五年）もあった。完訳はこの工藤昭雄訳が最初のもので、全八十八巻ある「集英社版 世界文学全集 ベラージュ」の最後に配本されたことからも訳出に難航したと推察できる。九四年には文泉堂出版から復刻版が出ている（ジョージ・エリオット『ジョージ・エリオット著作集3』）。さらに二〇一四年には原公章訳が出た（ジョージ・エリオット『ロモラ』〔「ジョージ・エリオット全集」第五巻〕、彩流社）ものの、すでに版元品切れのようである。

トマス・ハーディ「森に住む人々」

織田正信訳、トマス・ハーディ／ラデアード・キプリング『森に住む人々／王様になりたい男』所収、織田正信／鵜飼長壽訳（「新世界文学全集」第十巻）、河出書房、一九四〇年トマス・ハーディ（Thomas Hardy、一八四〇―一九二八）こそは、十九世紀後半のイギリスを代表する作家の一人であり、小説と詩の分野の最高峰である。短篇にも優れたものが多いことはもちろんだが、十四ある長篇小説はいずれ劣らぬ精鋭ぞろい。それにもかかわらず、文庫でも世界文学全集でも、所収されるのは『テス』（『ダーバヴィル家のテス』一八九一年）に偏っているのは残念だ。[1]河出書房のこの古い全集には文庫化されていない本作（一八八七年）が所収されていて、その後新訳も出たとはいえ貴重であることは疑いない。[2]

物語はウェセックス地方の村、小ヒントックが舞台になる。材木商ヂョウヂ・メルバリの一人娘グレースが、都会の学校を卒業し帰省してくる。グレースには親が決めた婚約者のヂャイルズ・ウィンタボーンがいた。彼は森のりんご農家・りんご酒職人だが、教養ある女性になって帰ってきた娘を見てメルバリは欲を出し、ヂャイルズよりも格上の結婚相手を探そうと考えるようになる。そこに青年医師エドレッド・フィッツピアーズが現れ、父の強い勧めもあってグレースは彼と結婚する。ところが医師は下宿先の娘シューク・ダムズンや地主の未亡人フィリス・チャーモンドと不倫をする不誠実な男で、怒ったメルバリに暴行されたあげく、チャーモンド夫人と逃亡する。傷心のグレースをヂャイルズが慰め、二人の間に愛情が復活する。グレースはフィッツピアーズとの離婚を望んだが、法律的に認められない。やがてチャーモンド夫人が別の愛人に殺されたのをきっかけに、フィッツピアーズが帰村することを知り、グレースは彼を避けてヂャイルズの小屋がある森に逃げ込み、かくまってほしいと頼む。グレースに小屋を譲り、外で寝泊まりするヂャイルズ。しかし彼は病身であり、冷たい秋雨に濡れて死んでしまう。紆余曲折を経てグレースは夫と和解し、再出発を志して村を去る。
フィッツピアーズやチャーモンド夫人はもとより、打算的なメルバリ、自分のために命まで捧げたギャイルズの毎月の墓参を一年もたたないうちにすっぽかして平気なグレースも含め、都市に住む連中はそろいもそろって不誠実である。それに比べ、森に住むギャイルズはグレースに、そしてきこりの娘マーティ・サウスはギャイルズに、それぞれ報われることがない愛情をいちずに捧げる。彼らの美しい心持ちと人格を培う舞台になった森のすばらしい自然描写が、自分勝手な連中の愛憎物語に光を当て、その軽薄さを浮き上がらせる。鮮明に描かれた両者の対照こそが本作の最大の魅力と思われる。それにしても、フィッツピアーズのような下劣な男が、シュークの夫ティムが仕掛けた人捕り罠にかかるでもなく、いい加減に反省した顔をして幸せになろうとする結末の後味の悪さはいただけない。ハーディとはそういう作家だから仕方ないと言えばそれまでだが。

注

（1）文庫で読める長篇小説は『緑の木蔭』（一八七二年）、『遥か群衆を離れて』（一八七四年）、『帰郷』（一八七八年）、『カスターブリッジの市長』（一八八六年）、『テス』、『日蔭者ヂュード』（『日陰者ジュード』、一八九五年）の六編だけ。詳細は拙著『絶版文庫交響楽』（青弓社、一九九九年）を参照されたい。同書刊行後に出たトマス・ハーディの文庫には、『テス』上・下（井出弘之訳〔ちくま文庫〕、筑摩書房、二〇〇四年）と『日陰者ジュード』上・下（川本静子訳〔中公文庫〕、中央公論新社、二〇〇七年）がある（改題や改版は除く）。なお、唯一未訳だった『熱のない人』（佐野昇訳〔「トマス・ハーディ全集」第八巻〕、大阪教育図書、二〇一二年）が登場したので、今日では全長篇を翻訳で読むことができる。

（2）併収はラデアード・キプリング「王様になりたい男」（鵜飼長壽訳）。なお本作の新訳には、トマス・ハーディ『森に住む人たち』（滝山季乃訳、千城、一九八一年）と同『森林地の人々』（新妻昭彦訳〔「トマス・ハーディ全集」第十一巻〕、大阪教育図書、二〇一四年）の二つがある。

ジョゼフ・コンラッド「ノストローモ」

上田勤／日高八郎／鈴木建三訳、『コンラッド　ノストローモ／ナーシサス号の黒人／青春』上田勤／日高八郎／鈴木建三／高見幸郎／橋口稔訳（「筑摩世界文学大系」第五十巻）、筑摩書房、一九七五年

ジョゼフ・コンラッド（Joseph Conrad、一八五七―一九二四）の作品では、前期の海洋小説の高い人気に比べ、政治を扱った後期の小説は影が薄い。そんな後期作品のなかでも、どす黒い欲望が渦巻く一地方の歴史を交響楽的に描き、スケールの大きさで群を抜く最高傑作とされるのが本作

（一九〇四年）である。
独裁とクーデターが頻発する南アメリカの架空の国コスタグアナに属するものの、地形的に孤立した西部の町スラコが舞台。ここには銀鉱があり、イギリス人のチャールズ・グールドが経営している。中央で起こったモンテロ将軍の反乱に立ち向かったスラコだったが、逆に打ち破られてしまう。銀を奪われないよう小船に積み込んで逃げることになり、その役目を任されたのは、みんなから一目置かれるイタリア人沖仲仕頭のノストローモだった。しかし、敵方には渡さなかったものの、アクシデントから銀を沖合の島に隠す羽目になる……。

登場人物が多く、視点が転々とし、時間さえ前後する、二十世紀文学の幕開けにふさわしい難物である。妻に目もくれず働き続けたチャールズも、結果として銀を私物化したノストローモも、ともに富の魔力に人が変わったようになっていくのが痛々しい。ガリバルディ派の残党でサヴォイア王家やカブールを呪詛するヴィオラなど、多彩な登場人物のリアルな描写はさすがにうまい。

日本語による個人全集が刊行されておらず（未訳の長篇さえある）、定番作品しか文庫化されないコンラッドの場合には、全体像に近づくため、世界文学全集に所収の珍しい作品を一つ一つ拾っていく必要がある。ちなみに上田勤・日高八郎・鈴木建三訳は本作の唯一の翻訳だったが、山本薫訳

コンラッド『コンラッド ノストローモ／ナーシサス号の黒人／青春』

が幻戯書房のルリユール叢書から刊行予定とのことだ。なおこの本には、「ナーシサス号の黒人」(高見幸郎訳)と「青春」(橋口稔訳)の二つの中篇が所収されている。文庫化されていない前者は、仮病を使って怠業する黒人ジミーや、不平分子をかき集めて船長に反乱を企てる扇動家ドンキンなど、船中の病巣といえるクズどもに毅然と対峙する船長アリストーンの格好よさが見どころの、巧みさを感じさせる佳作である。(1)

注

(1)『コンラッド』(高見幸郎/橋口稔/矢島剛一/野口啓祐/野口勝子訳〔「世界文学大系」第八十六巻〕、筑摩書房、一九六七年)に最初所収され、この本に再所収された。

ジョゼフ・コンラッド「勝利」

①野口啓祐/野口勝子訳、『コンラッド』高見幸郎/橋口稔/矢島剛一/野口啓祐/野口勝子訳(「世界文学大系」第八十六巻)、筑摩書房、一九六七年/②大沢衛/田辺宗一訳、『コンラッド 勝利/陰影

線』大沢衛／田辺宗一／朱牟田夏雄訳（「新集 世界の文学」第二十四巻）、中央公論社、一九七一年

うーん、「勝利」とは愛の勝利なのか……。貧困から旅回りの楽団に身を落としてイギリスから遠く南洋まで流れてきたリーナは、インドネシア・スラバヤのドイツ人ホテル経営者で妻ある身のショーンバーグに関係を迫られていた。スウェーデン人ハイストは、かつて鉱山会社を営んでいた近くの島で世捨て人の暮らしをしていて、リーナを助けてそこへ逃げ込む。しかし二人だけの生活は完全な愛に満たされない。「絆を作ったら、もうおしまいだ」と父親からたたき込まれてハイストの心に形成されてきた、厭世的・傍観的で淡白な人生観が影を落とすためである。そんなハイストの心にも変化が訪れ、人生に希望や愛が回復しようとしたそのとき、ショーンバーグにそそのかされて、ありもしない廃坑の財産目当てに悪党たちが島に上陸し、緊迫した駆け引きの末についには痛ましい悲劇的結末に至る。特に後半の劇的展開には手に汗握る緊張感が続く。政治小説卒業後、コンラッド後期の知られざる名品（一九一五年）である。

コンラッド『コンラッド 勝利／陰影線』

ちなみに二〇二二年に最後の完成作『放浪者——あるいは海賊ペロル』がついに翻訳された（ジョウゼフ・コンラッド、山本薫訳〔ルリユール叢書〕、幻戯書房。原著一九二三年）が、これほどの作家で未訳

の長篇が複数残っているのは珍しい。これまで創作力が衰えたと一蹴されてきた晩年のコンラッドの作品に、今後一層光が当たることを願ってやまない。[1]

なお①「世界文学大系」は「ロード・ジム」（矢島剛一訳）、「ナーシサス号の黒人」（高見幸郎訳）、「青春」（橋口稔訳）を併収。②「新集 世界の文学」の併収は名高い短篇「陰影線」（朱牟田夏雄訳）で、前任船長の怨念のゆえなのか、信じられない無風状態が続き、薬も水も底を尽くなかで、新人船長が苦闘する物語。スケールや迫力の点で、「勝利」の添え物のようになってしまっているのが残念である。[2]

注

（1）平田禿木の古い翻訳（コンラッド『チャンス』上・下〔「世界名作大観 英国篇」第十二巻、第十三巻〕、国民文庫刊行会、一九二六年、二八年）しかなかった『チャンス』（一九一三年）には、青野丸香による新訳（ジョゼフ・コンラッド『チャンス――前後二編からなる物語』出版社不詳、二〇二一年、電子版あり〔「グーテンベルク21」〕）が出たが、『黄金の矢』（一九一九年）や『救助』（一九二〇年）はまだ翻訳がない。現在は「ノストローモ」の新訳に取り組んでいるという山本薫とルリユール叢書に期待して待ちたい。

（2）「陰影線」の原題は『シャドウ・ライン』。「黎明期」の邦題で河出文庫にも所収されている（コンラッド『青春』木島平治郎訳〔河出文庫〕、河出書房、一九五六年）。田村道美／近藤健児／瀬戸洋一／中野光夫『絶版文庫四重奏』（青弓社、二〇〇一年）に、その時点でのジョゼフ・コンラッドの文庫本リストとともに詳しい紹介がある。

ウィンダム・ルイス「愛の報い」

中野康司訳、川村二郎／菅野昭正／篠田一士／原卓也編、ジェイムズ・ジョイス／ウィンダム・ルイス／ジューナ・バーンズ／デーヴィッド・ハーバート・ロレンス『イギリスⅢ』所収、加藤光也／中野康司／河本仲聖／小川和夫訳（「集英社ギャラリー 世界の文学」第四巻）、集英社、一九九一年

そろえるとかなりのスペースをとる世界文学全集が時代遅れのものになりつつあった一九八九年。集英社が最後に打ち出したのが、各巻二段組みで千二百ページを超え、「集英社版 世界文学全集ベラージュ」三冊分相当量を一冊に所収した大型全集だった。全二十巻ながら古典から現代作品、アジア、アフリカ、ラテンアメリカの文学まで広くカバーしていて、詳細な年表や解説、さらに関連作品の梗概まで付し、天に絵が入った装丁も小粋だった。そしてオーソドックスな作品選択の巻が多いなか、この第四巻だけは異彩を放っていた。ジェイムズ・ジョイス「若き日の芸術家の肖像」（加藤光也訳）、D・H・ロレンス「恋する女たち」（小川和夫訳）こそ順当だが、二十世紀前半

の小説なら、ジョージ・オーウェル、オルダス・ハックスレイ、エドワード・モーガン・フォースター、ヴァージニア・ウルフなどほかに有力な候補が多いなか、ジューナ・バーンズ「夜の森」(河本仲聖訳)と本作(一九三七年。本邦初訳)が採用されていたのだ。ちなみに恥ずかしながら、最初に内容見本を見るまでは、画家にして批評家で、ファシストとしても知られていたウィンダム・ルイス(Wyndham Lewis、一八八二―一九五七)の名前さえ筆者は知らなかったのである。

物語前半の主人公は内戦中のスペインで活動していた労働者階級出身の共産主義者パーシー・ハードカスター。彼は、脱獄に失敗して片足を失うが、それが幸いしてイギリスに戻るとインテリ左翼たちから英雄視される。「闘争の現場で泥水喰らってきたリアリスト」(「解説」、以下、同)のパーシーにとって、ジリアン・フィリップスに代表される「オックス・ケンブリッジ出身のインテリ左翼」すなわち「「パーラー・ピンク(お茶の間左翼)」の面々」は、貧乏人や不幸な人を利用し、社会の犠牲者を気取りながら自らのための権力を渇望する、お金持ちのお遊びを楽しむ太平楽な人々にすぎない。読者の溜飲を下げる、ジリアンの甘ったれた態度へのパーシーの厳しい糾弾こそが前半のハイライトである。後半は売れない画家ヴィクター・スタンプが主人公になる。貧乏な生活に付け込まれ、悪党たちの手先になってフィンセント・ファン・ゴッホの贋作に手を染め、さらにはスペインへの武器密輸の張本人に仕立て上げられ、国境の治安警備兵に捕らえられそうになる。ヴィクターの献身的な内縁の妻マーゴの機転によって危機一髪でその場を回避できたかに思えたが、運命は二人に残酷だった。同じくスペインへの密輸活動に加わっていたパーシーは再度囚人になり、彼らの気の毒な末路を知って涙する。

訳者によると、「愛の報い」という「三文恋愛小説」のようなタイトルは小説の売れ行きを心配した出版社の意向を反映したもので、本来のタイトルは『上げ底《フォールズ・ボトム》』だったとのことだ。二重底になった車に武器を隠して密輸をおこなうと信じていたヴィクターが、最後の最後で、上げ底の下にあったのはレンガで、自分の役割が官憲を引き付ける囮《おとり》にすぎなかったことを知って愕然とする場面に由来する。しかし作者が『上げ底』というタイトルに込めた思いは、「政治の世界も芸術の世界も、この世はニセモノばかりが横行する」と、嘘、悪、偽善、そして理不尽の汚らわしさをひっくるめて「上げ底」と一括し、風刺、攻撃の対象にすることにあるようだ。その一方で、(右翼の作者にとって思想的に相いれないとはいえ)筋を通す左翼活動家パーシーと、ひたむきな愛を貫くマーゴへは称賛の視線を惜しまない。それがあるからこそ、たとえニセモノが退治されるという勝利に終わらなくても、この小説の読後感が悪くないのだと思う。

D・H・ロレンス「白孔雀」/「セント・モア」

『ロレンス 白孔雀/セント・モア』伊藤礼/伊藤整訳(「世界の文学」第三十四巻)、中央公論社、一九六六年

「白孔雀」（伊藤礼訳）は一九一一年に出版された、自伝的要素を含むD・H・ロレンス（David Herbert Lawrence、一八八五―一九三〇）の最初の長篇小説。レティは兄の親友で農夫のジョージの求愛を受けるが、階級の違いからそれを退け、金持ちの炭鉱主の息子レズリを選ぶ。失意のジョージはいとこのメグと気のない結婚をしてしまう。二組のカップルの後日談が語られるが、酒に飲まれたり、妻に愛想を尽かされたりと、男たちはみんなさえないやつばかり。女たちは対照的に母性に安らぎを見いだし、生きざまがたくましい。「訳者解説」に指摘されているように、小説の主題は「支配権をめぐる男と女の争いと、両者の融和の試み」にあり、現代文明を批判する野性的な森番アナブルが登場するなど、「後年のロレンスの萌芽を含ん」でいる興味深い作品である。美しい風景と季節の移り変わりなど抒情的な描写の巧みさも特筆に値する。

「セント・モア」（伊藤整訳）は晩年の中篇。アメリカ娘ルウはヨーロッパでの文明生活に心満たされず、気取り屋で無理解な夫リコをついに捨てて、強気で変人の母、暴れ馬モア、寡黙で風変わりな馬丁ルイスらとともに、真の生活を求めてアメリカの辺境に行く道を選ぶ。現代文明の害悪を糾弾し、自我と肉体を重視して人間性の回復を主張するロレンスの思想が色濃く反映されている。

両編とも読むならばこの全集が手っ取り早い。「白孔雀」はこれが唯一の刊本だし、「セント・モア」は伊藤整自身の旧訳（D・H・ロレンス「女とけもの」『中篇小説』伊藤整／永松定／高木秀夫／飯島小平訳〔「ロレンス全集」第十巻〕、三笠書房、一九三七年）もあるとはいえ、かなりの希覯本である。「世界の文学」全五十四巻（中央公論社、一九六三―六七年）は、表紙も背も箱の背も赤一色でよく目立った。競合他社とは重ならない作品を多く所収したため、いまでもこの全集でしか読めない作品が少なくないし、また有名な作品は若手を登用して新訳で所収するなど他社との差別化を図っていた。(1)相当に売れたらしく、長い間古書店の店頭均一本に必ずといっていいほど紛れ込んでいたし、いまでも全巻そろいでさえ二束三文だが、内容的には価値の高いものが多い。

注

(1) この本以外にも、ジュール・ヴァレース『ジュール・ヴァレース パリ・コミューン』(谷長茂訳〔「世界の文学」第二十五巻〕、中央公論社、一九六五年)、アンドレ・マルロー「アルテンブルクのくるみの木」(橋本一明訳、『マルロー 征服者/王道/アルテンブルクのくるみの木』沢田閏/川村克己/橋本一明訳〔「世界の文学」第四十一巻〕、中央公論社、一九六四年)がある。ただし後者は「世界の文学セレクション36」第三十巻で再刊(マルロー『マルロー 征服者/王道/アルテンブルクのくるみの木』沢田閏/川村克己/橋本一明訳、中央公論社、一九九四年)。それに別項で紹介しているヘンリー・ジェイムズ「ボストンの人々」(一八八六年)とシグリ・ウンセット「花嫁の冠」(一九二〇年)は唯一の翻訳である。アーダルベルト・シュティフター「石さまざま」(手塚富雄/藤村宏訳、ケラー/シュティフター『ケラー 白百合を紅い薔薇に/シュティフター 石さまざま』所収、道家忠道/手塚富雄/藤村宏訳〔「世界の文学」第十四巻〕、中央公論社、一九六五年)も、岩波文庫版(シュティフター『水晶――他三篇 石さまざま』手塚富雄/藤村宏訳、岩波書店、一九九三年)が抜粋所収であることを考えれば、最も安価に買える全訳版である。

オルダス・ハックスレイ「クローム・イエロー」

森田草平訳、ジョゼフ・コンラッド／オルダス・ハックスレイ『ロード・ジム／クローム・イエロー』所収、谷崎精二／森田草平訳（「世界文学全集」第二期第六巻）、新潮社、一九三一年

一九二一年に書かれた、オルダス・ハックスレイ（Aldous Huxley、一八九四―一九六三）最初の長篇小説。イギリスの「ガーディアン」紙が選んだ「死ぬまでに読んでおくべき必読書一〇〇〇」にも入っている著名な作ながら、この本が唯一の翻訳である（ジョゼフ・コンラッド「ロード・ジム」〔谷崎精二訳〕を併収）。

『恋愛対位法』（一九二八年）に至るまでの初期のハックスレイは、様々な有閑知識人を登場させ、彼らの虚無的な生きざまを風刺的に描くのを得意とした。この「クローム・イエロー」でもその傾向は顕著に示されている。デニス・ストーンは青年詩人。主たる物語は招待されたウィンブッシュ夫妻の田舎屋敷クロームで過ごすひと夏の苦く酸っぱい体験談である。不器用かつ消極的で決断力を欠く性格のデニスは主人の姪のアンに好意を寄せ、得意の詩と言葉で愛を訴えようとするものの、行動的、精力的で外向的な画家コムボオルドや音楽家イーヴァなどの男たちにさっさと先を越され

る。デニスは自己嫌悪に陥ることしかできない。

肉体的に無力なインテリの滑稽さを切れ味鋭く風刺した象徴的なシーンが第十七章にある。暗闇の庭を散歩中に転んで足首をけがしたアンと二人きりになる幸運がデニスに訪れる。勇気を出して彼女に接吻するが、「彼との恋愛関係の可能性を想像することすらでき」ないほどに「妙に若」いとアンに軽んじられていたデニスは、「デニス、いけないのよ」「私達の友情が台なしになるわ」と軽く拒まれてしまう。そして、早くけがの治療をしたいという理由で話題を打ち切られる。そこでデニスは映画で見た「無造作な任侠的行為」をまねして、アンを背負って屋敷まで運ぼうと申し出るが、重さによろめき、坂を五歩上っただけで、どしんと降ろしてしまう。腹を抱えて笑うアン。「可哀相なデニス、あなたには到底駄目だつて言つたぢやありませんか」。けがの直後には子どものように無気力な放心状態だったアンは、「優越感を全部取り戻し」「いくら憧れても手の届かぬ、遥かな存在」になってしまったのである。

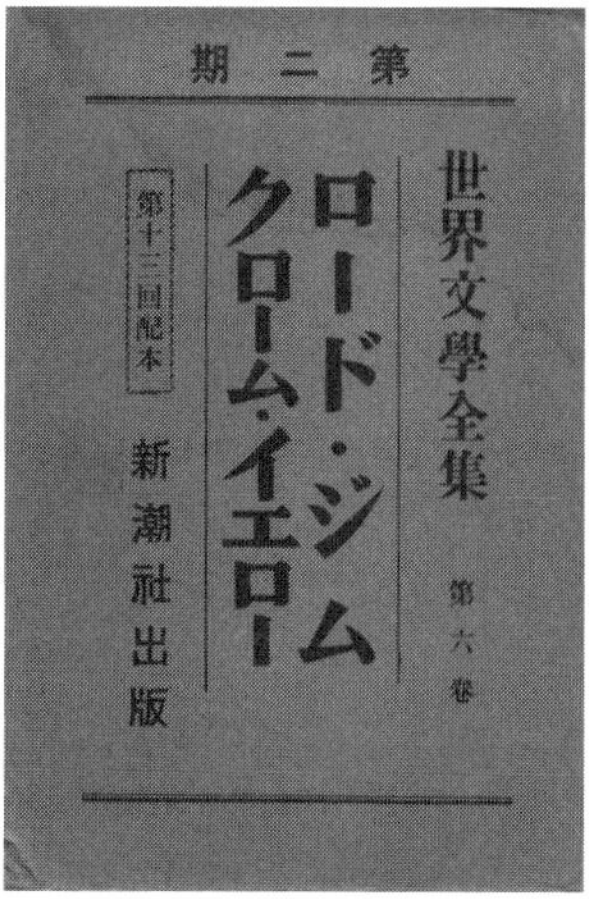

ジョゼフ・コンラッド／オルダス・ハックスレイ『ロード・ジム／クローム・イエロー』

主人の同窓スコオガン氏が第二十二章で開陳する未来の合理国家でもデニスには居場所がない。氏は思考能力がある「指導者たる智的人種」が支配し、物事を不合理に熱狂的に信じて強熱的に実行する「信仰の人種」が施策を実行し、知力も熱意もない「俗衆」が統治される国家を構想する。氏によれば、デニスには信仰階

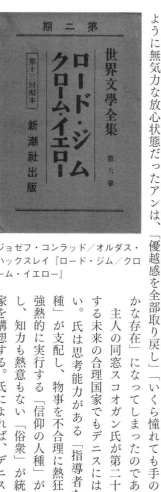

級人としての特性は全くなく、大衆種族に入るには個性が強すぎて暗示を受けにくく、指導的知力階級に必要とされる明晰な頭脳、無慈悲さ、洞察力を欠いている。そして「駄目だ、君には地位を見附けてやれないね、たゞ瓦斯致死室位なものかな」と突き放すのである。

百年前の有閑階級の地に足が着いていない思索や言葉遊び、のんきな気晴らしには、「結構なご身分ですこと」という以外の言葉をかけようもないが、真面目だが不器用な人間が特段根拠もないのに自信満々でいる連中を前に傷つく姿は、昔もいまも変わらない。そうした者たちへのハックスレイの視線はまるで同情的ではないが、世間の実情からすればシビアなぐらいに書かれていてちょうどいいのかもしれない。

ジェイムズ・ヒルトン「めぐり来る時は再び」

中橋一夫訳（「現代世界文学全集」第三十八巻）、新潮社、一九五六年

『学校殺人事件（学校の殺人）』（グレン・トレヴァー名義、一九三一年）、『鎧なき騎士』（一九三三年）、『失われた地平線』（一九三三年）、『チップス先生さようなら』（一九三四年）、『私たちは孤独ではな

い』（一九三七年）、『心の旅路』（一九四一年）、『朝の旅路』（一九五一年）……。ジェイムズ・ヒルトン（James Hilton、一九〇〇―五四）の作品は映画化されたものも多く、日本でも一九五〇年代から六〇年代にかけて続々と翻訳・紹介された。その後忘れられたかに思えたが、二十一世紀になっても『チップス先生』や『失われた地平線』にまさかの新訳[1]が出るなど、うれしいことにその小説世界を愛する人々がいまだ一定数健在のようだ。とはいえ一九五三年に書かれたヒルトン最後の作品「めぐり来る時は再び」に関しては、半世紀以上も前のこの全集所収の翻訳が唯一であり、ヒルトン作品のリバイバルもまだ道半ばなのは残念である。

主人公チャールズ・アンダーソンは五十二歳の外交官。堅実な勤務姿勢を貫いたが報われず、ついに大使に出世することはかなわなかった。第二次世界大戦後のパリで、ソ連を思わせる手ごわい国との外交交渉に当たっている。彼の息子ジェラルドは戦争を避けるため五歳のときにアメリカに一人で預けられ、その後イギリスで教育を受けていた。そのジェラルドがヨーロッパに旅行に来たので、十七歳の誕生日を祝う晩餐をともにすることにした。

チャールズの父ハヴロックは有能な弁護士で、ナイトの爵位まで受けたものの奇行癖がもとで出世コースから外れ、田舎の屋敷に引っ込んでいた。父の期待を一身に集めていたチャールズの兄が第一次世界大戦後に捕虜収容所で病死したことで、相いれない父とチャールズとの間に将来設計をめぐる葛藤が始まる。漠然と画家を目指していたチャールズだったが、ケンブリッジに進んで外交官になる道を選ぶ。そのころ初恋のタイピストとの結婚を夢みたが父親につぶされる。明らかに、属する階級の違いを問題視してのことだった。外交官になり、行動的で裕福な家柄のジェーンと結婚するが、妻はナチスの空爆で死んでしまう。残された息子をアメリカで教育することが、彼には最適な選択だった。

ジェラルドは、スイスで知り合ったアンと会う時間を捻出するために、夜の電車に乗ると言い訳して父との晩餐を短くすまそうとした。しかし、そんなジェラルドの偽装工作はチャールズに見破られてしまう。そこから今度はチャールズとアンの間に親交が始まる……[2]。

本作は原題を『Time and Time Again』という。「時代を異にしながらも同じような父と子の関係が繰り返される」（「訳者解説」、以下、同）ことを暗示している。血縁だからこそ、父と息子の理解と親愛が簡単には達成できないことは、東西の文学作品で語られてきた古くからのテーマでもある。仕事人間だったのにハヴロックもチャールズも頂点まで出世できずに終わり、ともに幼少時に関心を払ってこなかった息子との違和感に直面するなど、複写のように似た人生が二世代にわたり繰り返されるところに本作の特徴がある。もちろんチャールズの時代は父の時代とは異なり、かつての栄光の残照のなかで守るべき誇りと自信を胸に生を貫かなければならない苦しさも加わる。

イギリスの「ヴィクトリア朝の盛時をよき時代として懐かしむ情緒」や「センチメンタルな過去への回想も通俗性の一要素」であり、「性格の偏向から生じる喜劇や悲劇」という「古い手法」を用いているとして、訳者は本作を同時代のジョイス、ハックスレイ、ロレンスなどの先端的な現代文学の立役者とは対極にある通俗的作品と位置付けている。さらに同じく通俗性を帯びた作家として、グレアム・グリーンやサマセット・モームを挙げ、モームには「人生の空しさを認識しつつ、そこに人生の面白さを傍観して楽しむ」ニヒリズムがある一方で、ヒルトンには「絶望的なものを認めながらも、それに堪えてゆくという方向が強く打ち出されていて」、そのために「暖かいヒューマニティにみちた」「はるかに明るい」作風になっていると書いている。まさしくヒルトンの本質を的確に語っていて、これについては浅学な筆者は何も加えることはない。

ただ、前衛的な手法を排した保守的な作風だから「通俗的」と一段低い評価をするのは、本作が誕生した時代からさらに一世紀近くが経過した今日の視点からは得心できない面も出てきているように思う。一九五〇年代に最先端とされたような、時間や場所が異なる細分化されたエピソードを錯綜させ、教養人の心をくすぐる古典作品の引用やオマージュをちりばめ、あちこち寄り道する意識の流れを長々と繰り広げるなど、わざわざスノッブにややこしく書かれた作品なら、何でもかんでも芸術的というわけではないだろう。逆にヴィクトリア朝時代を思わせる、ほとんど過去の様式で書かれた二十世紀の小説でも、本作のように人生の本質にふれて感動を誘うものならば読み継がれるべき名品と言える。凡百の大衆小説と同列に扱うような表現は誤解を招くと思われ、少し残念である。

注

(1) ジェイムズ・ヒルトン『チップス先生、さようなら』白石朗訳（新潮文庫）、新潮社、二〇一六年、同『新訳 チップス先生、さようなら』大島一彦訳、慧文社、二〇一六年、同『失われた地平線』池央耿訳（河出文庫）、河出書房新社、二〇一一年、二〇二〇年新装版

（2）前掲『世界文学全集』で矢口も本作を取り上げていて、前半部分の梗概をより詳細に記している。

第2章 アメリカの文学

ヘンリー・ジェイムズ「アメリカ人」

①西川正身訳、（ナサニエル・）ホーソーン／ヘンリ・ジェイムズ『緋文字／アメリカ人：他』所収、太田三郎／西川正身訳（「世界文学全集（決定版）」第三期第九巻）、河出書房新社、一九五九年／②西川正身訳、（ナサニエル・）ホーソーン／ヘンリ・ジェイムズ『緋文字／アメリカ人：他』所収、太田三郎／西川正身訳（「世界文学全集（特製豪華版）」第二十四巻）、河出書房新社、一九六一年／③西川正身訳（「世界文学全集 グリーン版」第二集第十二巻）、河出書房新社、一九六三年／④西川正身訳（「河出世界文学大系」第五十一巻）、河出書房新社、一九八〇年

ヘンリー・ジェイムズ（ヘンリとも表記。Henry James、一八四三―一九一六）の初期作品で、ビジネスで活気づく新しい文明の国アメリカと、伝統と美の古い文明が重く支配するヨーロッパの間に生じる違和感や対立をテーマにした、一連の「国際物」を代表する長篇（一八七七年）である。

カリフォルニアで富を築いたアメリカ人実業家ニューマンは、自らに欠けた伝統と文化を求めてヨーロッパを訪れ、友人の紹介でフランス貴族の未亡人クレール（サントレ夫人）と交際し、やがて婚約する。しかし婚約披露の宴のあと突然、ニューマンは一方的に破談を告げられる。実はクレールの実家ベルガールド家には秘密があった。前夫との結婚をめぐってクレールの両親の意見が対

立した際に、母親が病床にいた父親を殺したのだ。ニューマンを欺いてきたことを恥じ、家の呪いからは逃れられないと悟ったクレールは、彼を愛しながらも俗世を離れて修道女になることで、救いと心の安らぎを得る道を選ぶ。自分を傷つけたベルガールド家を破滅させる力がある証拠の紙片を手にしたニューマンは、いったんはそれを武器に報復を考えるが、最後には焼き捨てる。

なぜニューマンは復讐をしなかったのか。つまるところ、寛大さを示すことで得られた精神的優位に満足し、許すことができない汚らわしい相手と徹底的に戦うという面倒な行為にむなしさを感じたということだろう。ただそれが活力にあふれ、「頑丈《タフネス》」と形容され、仕事一筋に腕一本のたたき上げで成功を勝ち取った、数え三十五歳のアメリカ人の「一般的な」特質（改訂版のためのジェイムズ自身による序文）とまで言われると、どうにも腑に落ちないものがあるのだが。

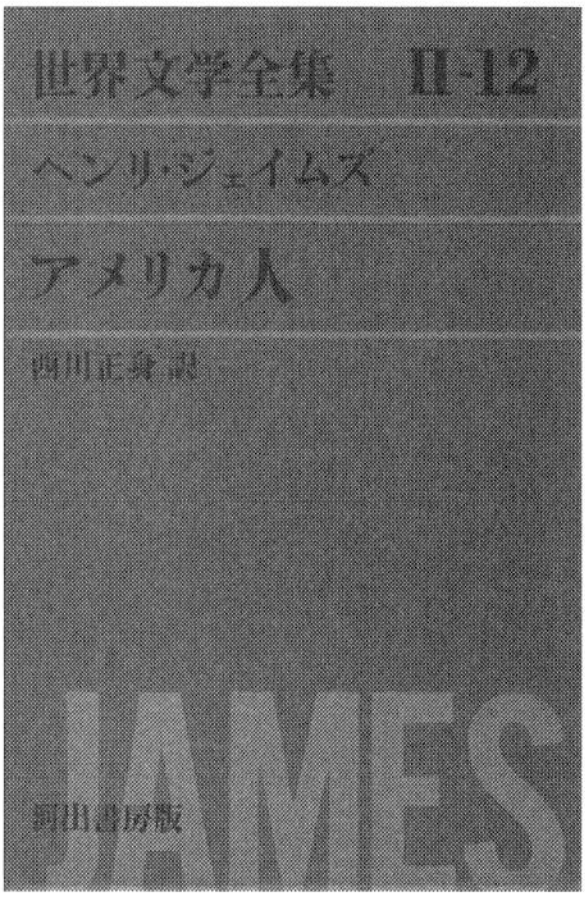

ヘンリ・ジェイムズ『アメリカ人』

ところでモームは『読書案内――世界文学』（西川正身訳〔岩波文庫〕、岩波書店、一九九七年）でこの作品を取り上げている。明快で洗練されていると文章をほめる一方で、例を挙げて「多少は仰々しい」と皮肉を忘れない。ニューマンが結婚したかったのは、（将来生まれてくる）子どもの母親、一家の飾りがほしかったためで、本作は「一風かわった」「愛をともなわない恋愛物語」であるとみなしている。そして、婚約取りやめで傷ついたのはニューマンの誇りであって心ではないと断言する。[1]クレールは型にはまった陳腐な人物としてしか描かれておらず、オノレ・ド・バルザックの劣化コピーにすぎないと喝破する。それでも「まるで探偵小説を読む時のような興奮を覚える」と評価もしていて、「よんでまことに楽しい書物で、出版後六十年もたって、なおこのようなことがいえる小説は、そうざらにあるものではない」と毒舌家モームらしからぬ称賛の言葉で結んでいる。

西川正身訳は③「世界文学全集 グリーン版」に所収される際に訳文が訂正・補筆されている。「グリーン版」は少なくとも二十年は重版していたため（手持ちの本は一九八三年の第十一刷）、相当の部数が出回ったはずである（「二〇〇〇万読者に親しまれてきた」と帯にうたわれている）。緑一色の地味な装丁に魅力はないものの、ギュンター・アイヒの「アラーは百の名をもつ」（手塚富雄訳、ブレヒト／アイヒ『ブレヒト 三文オペラ 男は男だ カルラールのかみさんの武器 他／アイヒ アラーは百の名をもつ 他』所収、杉山誠／岩淵達治／手塚富雄／浅井真男訳〔「世界文学全集 グリーン版」第三集第十七巻〕、河出書房新社、一九六五年）や、ノーマン・メイラー『アメリカの夢』（山西英一訳〔「世界文学全集 グリーン版」第三集第二十巻〕、河出書房新社、一九六六年）のような珍しい書目も含まれていることは注目に値しよう。

注

（1）その意味からすれば、訳者が③「世界文学全集 グリーン版」の「解説」で記している「『アメリカ人』は、小説作法の上だけでなく、内容の点から言っても、『貴族の巣』に負うところがきわめて大きい」という文章には、いささか納得がいかないものがある。イワン・ツルゲーネフのこの小説でも、確かに恋愛が成就しなかった女主人公リーザが最後に修道院に入るが、こちらは幾多の困難を乗り越えて育まれた正真正銘の純愛物語だからである。

ヘンリー・ジェイムズ「ボストンの人々」

谷口陸男訳（「世界の文学」第二十六巻）、中央公論社、一九六六年

十九世紀アメリカの婦人権拡大運動をめぐるヘンリー・ジェイムズ中期の社会小説（一八八六年）で、唯一の翻訳である。

主要登場人物は三人だが、何はともあれオリーヴ・チャンセラーというボストン上流階級の「オールドミス」は、偏狭で陰湿でエゴの塊で、絶対に近寄りたくない最悪の人物だ。かつてはアメリカのアテネとも呼ばれ、「アメリカ的な知性、教養、文化、伝統、上品さ」をあわせもち、黄金時代には別格の都市だったボストンも、「精神的危機に瀕し、戦後〔南北戦争後：引用者注〕の拝金思想にむしばまれ」（「解説・年譜」）ていた。そこで彼女が熱中している偽善的で攻撃的かつヒステリ

ヘンリー・ジェイムズ『ヘンリー・ジェイムズ ボストンの人々』

ックな女性解放運動にはうんざりさせられる。そこには著者による「男性化した女性は魅力も意味もないという批判」（丹羽文雄「『ボストンの人々』について」、月報「世界の文学 付録41」）が込められていることは明白だろう。そのオリーヴによって演説のエキスパートないしマシーンに仕立て上げられるのが美少女ヴェリーナ。それと対決することになるのが、いとこのオリーヴを頼ってやってきた南部出身のバジル・ランサムである。保守的な価値観で男尊女卑信奉者でさえもあるバジルは、「女性を何よりもまず「女」としてながめることができる健全な男性」（「解説・年譜」）であり、それだけを武器にヴェリーナと恋に落ちることで彼女をオリーヴの魔手から解放し、まさにヴェリーナ目当ての群衆を前にした大講演会の場から連れ去るのである。

「自分は純粋な正義漢だとか、道義漢だとか、道徳的にすぐれた人間だと思い込んでいる人間（略）は身ぶるいするほど嫌だ」「当時の北部の、清教徒的な理想主義が、いかに空虚で偽善的で鼻持ちならぬ側面を持っていたかをユーモアたっぷりにえぐって見せた」「実に痛快な読み物」（会田雄次「偽善への反撥」、前掲「世界の文学 付録41」）という評価には心底同感である。ただ、ああいった終わり方で多少溜飲は下がっても、心が狭い私にはオリーヴはもっとひどい目に遭うのが当然と、ムカつきが収まらない気持ちが残る。さらに、オリーヴとヴェリーナについて、「アメリカ小説史であらわに女性同性愛を描いた最初の作品」(「解説・年譜」)という評価があるとのことだが、私にはもうひとつピンとこなかった。オリーヴが愛しているのは結局のところ、自分自身とその政治的な成功だけにしか思えなかったからである。

本作は一九八四年にジェームズ・アイヴォリー監督によって映画化された(『ボストニアン』、日本未公開だがDVDあり)。配役はマデリーン・ポッター(ヴェレナ〔ヴェリーナ〕)、ヴァネッサ・レッドグレイヴ(オリーヴ)、クリストファー・リーヴ(バジル)。予想できたことだが、映画では同性愛の心情が募りヴェレナを独占したがるオールドミスとしてのオリーヴの葛藤に力を入れて描いている。土壇場でヴェレナに逃げられたオリーヴがかわりに演説して喝采を浴びたことで、ヴェレナ抜きでも活動を続けていくことが暗示されるラストなど、原作と違う箇所もある。個人的にはキャスティングへの違和感があるものの、美しい画面や音楽は魅力的だった。機会があれば鑑賞されることをお勧めしたい。

ヘンリー・ジェイムズ「カサマシマ公爵夫人」

大津栄一郎訳(「集英社版 世界文学全集 ベラージュ」第五十七巻)、集英社、一九八一年

ヘンリー・ジェイムズ『ヘンリー・ジェイムズ カサマシマ公爵夫人』

前項の「ボストンの人々」と同じくヘンリー・ジェイムズ中期の社会小説（一八八六年）で、エミール・ゾラ流の自然主義に接近して同時代のロンドンの地下活動の挫折を描いている。難解な文章（この作品に限らないが）に加え、扱ったテーマが暗くて不評だったそうである。

カサマシマ公爵夫人は貴族社会に飽きて慈善活動に興味を抱き、製本職人という下層労働者ながら意外に知的な面があるハイアシンス・ロビンソンに目を留め、やがて二人は引かれ合う。ハイアシンスは貴族の父をお針子の母が殺したという深刻な家庭環境を背後にもつために、労働者階級の革命思想に共鳴しているが、憎みながらも貴族的なものへの憧れが捨てられない。アイデンティティーを確立できず模索するなか、本来なら属せたはずが疎外されているという思いから上流社会への反発心が増し、尊敬し崇拝する活動家の友人ポールを通じて関わったテロ組織のボスから公爵暗殺の実行役を任じられるまでになる。しかし、いよいよという段になって、もとから貧者救済や階級闘争の意識を欠いていたハイアシンスは、上流階級が築いてきた歴史や伝統美を評価するようになり、テロ行為の意義に疑念が拭えなくなっていた。母の罪によって傷ついた貴族の家名の名誉を母と同じ罪を繰り返すことでさらに汚さないように、暗殺を実行せず自死する道、「孤独のなかで」「良心のための英雄的な死」（「解説」）を選ぶ。

うーん、どの登場人物にも共感できるものがない……。財産を捨てて貧困問題などの社会改革に身を投じようとする公爵夫人の態度は一見すると見上げたものだが、しょせんは上流社会に飽きたがゆえの珍しいもの見たさから始まったことにすぎず、社会の変革には関与せずただ金をばらまくだけの不徹底なものだ。彼女とハイアシンスとの間には微妙な行き違いがある。テロ計画を知ると夫人は自身が身代わりに実行犯になろうと奔走するほどに愛情をもっていたが、一方でハイアシンスは彼女の愛を失ったものと思い込んで死ぬのである。また、テロを唱道している活動家ポールは冷酷・狡猾で、彼に認められたがって背伸びをしているハイアシンスの心情を巧みに利用し、あおって有頂天にさせるだけで自分では手を汚そうとしない。結局のところハイアシンスは体よく利用されたうえに、にっちもさっちもいかなくなり自殺するしかなくなる。階級間で心身を引き裂かれたかのような状態に自分からけりをつけるのは何だか気の毒になるが、思慮を欠くがゆえの結末とも言える。

それにしても、物語の主人公は明らかにハイアシンスだが、どうして書名は「カサマシマ公爵夫人」なのだろうか。訳者は「解説」で「雑誌に連載を始めたときは彼女があくまで主人公」だったが、「もしかすると、カサマシマ公爵夫人がハイアシンスに代ってテロを実行して死ぬ筋を考えていたのかもしれない」と推測しているのだが。なお本作はこの全集所収が唯一の翻訳である。

ウィラ・キャザー「私のアントニーア」

濱田政二郎訳、ウィラ・キャザー／（ウィリアム・）フォークナー『私のアントニーア／野生の情熱』所収、濱田政二郎／大久保康雄訳（「世界文学全集（決定版）」第二期第十六巻）、河出書房、一九五六年

ハーバード大学出身の鉄道会社弁護士ジム・バーデンが語る回想の形式で話が進んでいく。(1) 父母を失った彼が子ども時代を送ったアメリカ・ネブラスカ州の祖父母の農場は、極寒酷暑だが豊かな自然に満ちていた。偶然同じ列車でこの地にやってきたボヘミア移民一家の娘アントニーアと過ごした日々はかけがえがない楽しい思い出である。しかし、アメリカンドリームの夢破れて極貧生活に疲れた父親が自殺し、アントニーアは生活のため男のように野良仕事をせざるをえなくなる。やがてボストンの学校に進学したジムは、アントニーアが町まで奉公に出て、男に捨てられ、未婚の母というつらい境遇に陥ったことを人づてに知り、彼女に会いにいく。

アントニーアは疲れた顔ながら芯の強さと燃え立つ生命力を保っていた。「誰でも、何か役に立つことがあって、この世に送られてきている」のだから、「一つ一つの草堆、一本一本の立ち木を、

私がよく知っているところ、土地全体がなつかしい思いのする」この地に根を下ろし、「あたしの小さな娘が、あたしよりはもっと仕合せな生活ができるようにしてやりたい」と語る彼女。いまさらになって「きみのことを思う癖が、ぼくの身にもう、しみついてしまっている」から、できることなら「恋人か、妻か、母か、それとも姉か」になってもらいたかった、と告白するジム。アントニーアは「まあ、どうしてそんなにまで言って下さるんでしょう（略）あたしはあんたを失望させるようなことを、して来ているのに。ジム、人間がおたがいに、どんなに大切なものになれるか、ほんとに、不思議なようね。あたしたちが小さかった頃、ふたりが仲がよかったことを思うと、あたし嬉しいわ。あたしの小さな娘が、大きくなって、あたしたちがしていたことを、みんな言って聞かせてやるようになる日が、待ち遠しいようだわ」と答える。そしてたとえジムが遠く離れて暮らしていても、「あんたはここにいらっしゃるのよ。あたしの父のように。だからあたし淋しかないわ」。これがこのときの別れの言葉だった。

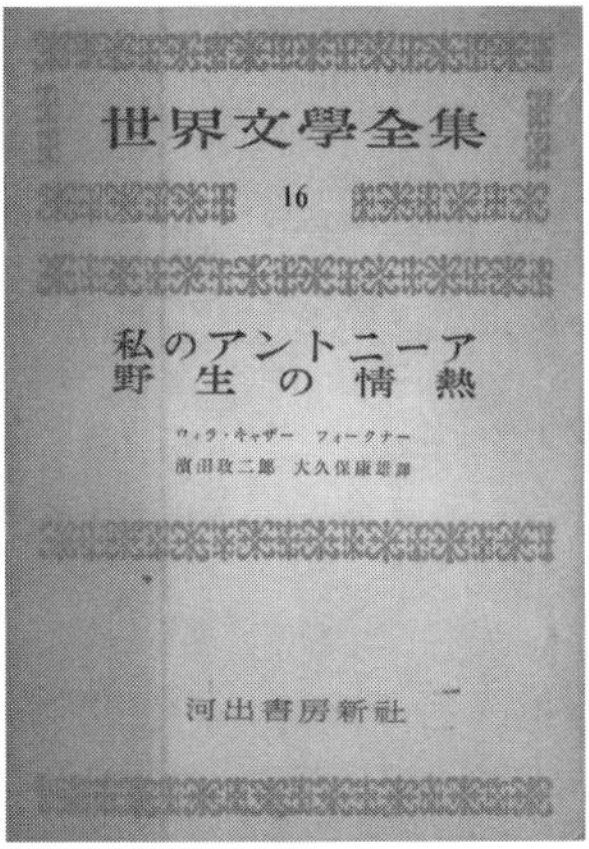

ウィラ・キャザー／（ウィリアム・）フォークナー『私のアントニーア／野生の情熱』

その後ジムは結婚したが、妻との関係は冷えきっていた。アントニーアも結婚し、十一人の子どもに囲まれ幸福だった。二十年が過ぎて再訪したネブラスカの農場近く。周囲はすっかり変わってしまったが、そこに取り残されたような昔のままの旧道を見つけたジムは、かつて二人を駅から農場まで運んだ馬車の車輪の響きさえ聞こえるような感覚に陥り、切ない懐旧の念に襲われるのだった。

特段劇的な何かが起こるわけでもないが、ウィラ・キャザー（Willa Cather、一八七三―一九四七）の小説は何を読んでも心引かれる。「キャザーが好んで描くのは、為されたことを悔いず、ある者をすべて是認しようとする敬虔な態度である。それは諦観ともいえようが、積極的な根強さがあり、楽天的な明るさをもつ。彼女の人生観によれば、完成した偉大な何物かのなかへ、自分を融け込ませることが、人間として最も願わしいことであり、また愉しいこととなる。この思いが、別離の悲しみをも緩和せしめ、死もまた、「何か完全なものの一部分」となることであるから、幸福である、と観ぜしめるに至るのである」（「訳者解説」）。それは、登場人物がそれぞれの境遇を受け入れてポジティブに前向きに生きることの尊さを、感傷や後悔を交えてしみじみと語るからだろう。さらに加えて、例えば第二章第十四節で、日没の太陽を背に浮かび上がり、「太陽の面に描いた一服の絵」と化した一台の忘れられた犂《すき》に見られるような、繊細で新鮮な情景描写や自然描写が圧倒的だ。また多くの脇役の登場人物それぞれの人生が丁寧に生き生きと描き込まれていて、作品を通して十九世紀後半アメリカ中西部での様々な階級の人間模様が浮き彫りになっているのも見逃せない。

これは二十世紀前半のアメリカを代表する国民的作家による真の傑作である（一九一八年刊）。半世紀ぶりに、よりこなれた訳文の新訳（ウィラ・キャザー『マイ・アントニーア』佐藤宏子訳〔文学シリーズ letters〕、みすず書房、二〇一〇年。一七年新装版）も出て、広く読者に届くようになったことは喜ばしいが、本来は岩波文庫あたりに定番として収まっているべき作品ではないだろうか。(2)

注

（1）このスタイルは、スコット・フィッツジェラルド『グレート・ギャツビー』（一九二五年）に影響を与えたとされる。

（2）前掲の拙著『絶版新書交響楽』でも言及したが、これまでに文庫・新書になったウィラ・キャザーの作品は『別れの歌――ルーシー・ゲイハート』（『愛のたそがれ――ルシイ・ゲイハート』、原著一九三五年）といくつかの短篇だけ（詳細は同書参照）。世界文学全集に所収されているのも、この「世界文学全集（決定版）」の一冊（ウィリアム・フォークナー「野生の情熱」〔大久保康雄訳〕を併収）があるだけである。

アプトン・シンクレーア「人われを大工と呼ぶ」

谷譲次訳、『人われを大工と呼ぶ／百パーセント愛国者』谷譲次／早坂二郎訳（「世界文学全集」第二期第八巻）、新潮社、一九三〇年

二〇〇九年七月二十六日付の「朝日新聞」朝刊の読書欄に、筒井康隆の「漂流――本から本へ」の第十七回が掲載された。そこで「キリスト降臨の大騒ぎ」のタイトルの下、「ぼくはその面白さに驚嘆した」「最高のユーモア小説、良質の風刺文学」と絶賛して紹介していたのが、左翼社会派作家アプトン・シンクレーア（Upton Sinclair、一八七八―一九六八）の本作（一九二二年）である。[1] さすがは筒井康隆、この痛快な異色作の魅力を簡潔に伝えている。連載は二〇一一年に朝日新聞出版から単行本化されているので、それを読んでいただくのがいちばんいい（筒井康隆『漂流――本から本へ』）。ただ、「こんなに面白い小説がなぜ今、絶版のままになっていて読まれないのかと、以前から不満だった」と新聞に筒井が書いても、その後十五年間も音沙汰なしなのは実にいただけない。手塚治虫が愛読し、筒井も激賞したという同じ新潮社の全集所収のベルンハルト・ケラーマン『トンネル』（一九一三年）のほうは復刊[2]したのに、である。大作家の向こうを張る気はみじんもないが、いま一度注意喚起のために、私もここに短い紹介文を書き添えることをご容赦願いたい。

第一次世界大戦の時期に輸入代替需要や輸出需要が増加したことで、アメリカ経済の工業化は一挙に進展した。しかし戦後の不景気で、工業部門に吸収されていた労働力は過剰になり、そこに帰還兵らも加わって賃金カットや非自発的失業に追い込まれる。この時期には資本の寡占化も進み、所得の不平等化は急速に進行していった。空前の繁栄を謳歌する一九二〇年代に入る直前のカリフォルニアでは階級対立からストライキが頻発し、それを率いた左翼活動家には、彼らを敵視したマスコミにあおられた者らによって容赦ない弾圧が加えられた。[3]

つい数日前までの敵国だったドイツの映画上映をめぐって反対派がピケを張るなど、騒然とした

架空の町・西京市《ウエスタアン・シテイ》。そこの教会のステンドグラスから抜け出て突如キリストが出現した。自らをカアペンタア（大工）と称し、白地のローブをまとって病人を治す奇跡をおこない、いたるところで説教を始める。文語調の言葉は『聖書』の文言そのままである。貧富の差が社会対立を引き起こしているアメリカを合狂国と呼び、「貪欲者《むさぼるもの》の審判日《さばかるゝひ》は近《ちかづ》けり。執政の権ある者をよび富者《とめるもの》の能《ちから》は完《まつたか》らず。斯《かく》して地は漸《やが》て額《ひたひ》に汗する者の掌《て》に属《つか》ん。厥時《そのとき》勤《つとめ》労ざる者は食《くらふ》べからず又衆民《たみ》の生血《いきち》に依て肥満者《こえふとるもの》は二次《ふたゝび》蟷螂《こほろぎ》のごとき衰退《おとろへ》に還元《かへら》ん」などと説く。その社会主義を唱道するかのような発言を聞き、カアペンタアが登場した当初は面白がっていたマスコミを敵に回すことになる。儲け話とにらんでカアペンタアと契約しようとした映画会社の社長TSは、「なんぢわれを恥疎《はじうと》みて今夜《こよひ》鶏なかざる前に三次《みたび》われを知《しら》ずと言ん」と予言される。その後、カアペンタアが新聞に平和を攪乱する怪しい預言者扱いされだしたことを知らされると、TSはまさしく予言どおりの対応をしてしまう。

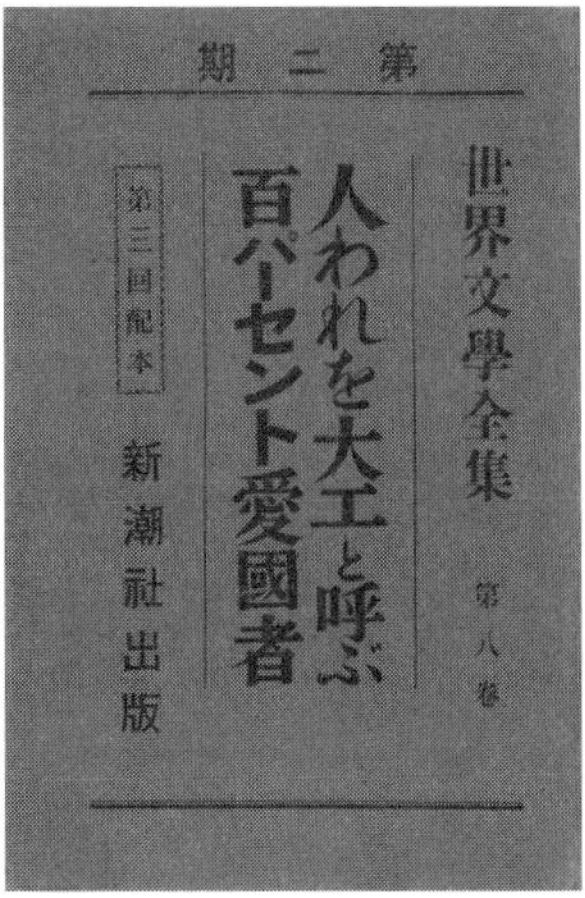

アプトン・シンクレーア『人われを大工と呼ぶ／百パーセント愛国者』

一方、銀幕の大女優メリイ・マグナはカアペンタアの言葉に打たれて、「鼻環《はなわ》を除く凡《すべて》の装具《かざり》を著《つけ》た」虚飾に満ちた生活を恥じ、数々の宝飾品を売って貧しい者に分け与える。そのほかの登場人物やエピソードもみんな『聖書』になぞらえてあり、知識がある読者ほど楽しめる知的パロディー作品になっているのだ。

折しも西京市では帰還兵ら国民軍の一大集会が

開催されて不穏な空気が漂っていた。そして嘘情報を流すマスコミに扇動された群衆は、付き従っていた仲間の一人に裏切られて拘束されたカアペンタアを私刑にかけようとする。絶体絶命の彼は再び十字架にかけられるのか……。

あっと驚く結末はどうか本を手にして読んでいただきたい。それにしても翻訳は一世紀前とは思えない見事なものだ。(4) 自分で新訳しても「谷譲次のすばらしい翻訳のほとんどを踏襲する結果になる」から諦めたが、「もし版元の許可と要請さえあれば、もっと読みやすい文章に監修しなおす」準備があるとまで、この作品を愛してやまない筒井が語っているのに、出版人の心に届いていないのは、なんともむなしいかぎりである。

注

(1) 併収はアプトン・シンクレーア「百パーセント愛国者」(早坂二郎訳、原題『スパイ』、一九二〇年)。これは愛国心から社会運動家を陥れるスパイの話で、文庫化されている(シンクレア『スパイ』前・後篇、早坂二郎訳〔世界名作文庫〕、春陽堂、一九三二年)。

(2) 秦豊吉訳。大西洋の地下にトンネルを掘る計画をめぐるSF小説で、社会派ビジネス小説でもある。この本に触発されて手塚治虫は初期の長篇漫画『地底国の怪人』(不二書房、一九四八年)を描いたことは広く知られている。親本はケッラアマン『トンネル 外二編』(秦豊吉訳〔「世界文学全集」第二期第十二巻〕、新潮社、一九三〇年)。復刻版は国書刊行会から二〇二〇年に出た(ベルンハルト・ケラーマン『トンネル』秦豊吉訳)。なお、親本に所収されていた「さつさ・よ・やつさ」「日本印象記」の二編は復刻本には所収されていないが、かわりに手塚と筒井康隆のエッセーが所収されている。
（3）アメリカ・マサチューセッツ州でのことだが、冤罪で有名なサッコ・ヴァンゼッティ事件は、社会不安の責任を共産主義者になすり付けるこの時期のアメリカ社会のヒステリー状態を典型的に示している。
（4）原書にはカアペンタアの言葉に索引が付いて『聖書』の文句の出どころが付されているが（例えばカアペンタアの最初の言葉「我なり懼《おそ》る勿れ」は「マタイ伝」第十四章第二十七節というように）、煩雑を避けて訳者が削除したとのこと。昔のことゆえ仕方がないが、それは少し残念である。

ジョン・ドス・パソス「マンハッタン乗換駅」

西田実訳、『ドス・パソス　マンハッタン乗換駅／あらゆる国々にて』西田実／大橋健三郎訳（「新集世界の文学」第三十六巻）、中央公論社、一九六九年

舞台だけではなく小説の真の主役は第一次世界大戦前後のニューヨーク。この街に住む大金持ちの実業家から浮浪者までの幾多の人々それぞれの視点からつづられた断片的なエピソードを並べ、

ドス・パソス『ドス・パソス マンハッタン乗換駅／あらゆる国々にて』

それら登場人物の交錯を通じて一つの都市社会を浮かび上がらせようとする、なかなかに計算されたユニークな群衆小説である。ジョン・ドス・パソス（John Dos Passos、一八九六―一九七〇）が生み出したこの独自の手法は、のちに三部からなる大作『U.S.A.』（一九三〇―三六年）に受け継がれて発展していくことになるが、当時の新聞記事や流行歌の一節を挿入して時代の潮流を感じさせる「ニュースリール」と呼ばれる表現形式などは、すでにこの作品（一九二五年）で取り入れられている。その意味では本作は『U.S.A.』のひな型である。[1]

多数の登場人物のうちで中心になるのは、舞台女優エレン（イレーヌ）・サッチャーと、新聞記者ジェイムズ（ジミー）・ハーフの二人。エレンは美貌と才能を武器に、俳優で最初の夫で同性愛者でもあったジョン（ジョージョー）・オーグルソープ、金持ちのドラ息子スタンウッド（スタン）・エメリー、二度目の結婚相手のジミー、悪徳弁護士ジョージ・ボールドウィンと、次々と愛する男を変えながら成功へと上り詰めていく。対照的に理想家のジミーは、亡き母から相当の財産を受け継いだにもかかわらず、叔父やいとこのように実業界で成功する才覚はなく、新聞記者になってもその嘘にまみれた仕事に我慢できず、一時はエレンと幸せな家庭を築くものの、やがて離婚して傷心敗残の姿でニューヨークを去る。上昇と下降、変転する運命のベクトルは逆方向ながら、二人とも（そしてそのほかの登場人物も）大都会の厳しい競争社会にあって、ボロボロに疲弊していることには変わりない。[2] 百年も前の時代が舞台でありながら、都市文明や金融資本主義がもたらす人間疎外の問題は基本的に変わっていないだけに、本作は忘れられるには惜しいきわめて今日的な小説と言えるだろう。[3]

注

（1）『U.S.A.』の第一部『北緯四十二度線』（一九三〇年）には複数の翻訳があり、岩波文庫（ジョン・ドス・パソス『U.S.A.』全六巻のところ、第三巻以降未刊。渡辺利雄／平野信行／島田太郎訳、岩波書店、一九七七―七八年）にも、世界文学全集（①ドス・パソス『北緯四十二度線』尾上政次訳〔「三笠版 現代世界文学全集」第十八巻〕、三笠書房、一九五五年／②ドス・パソス「北緯四十二度線」尾上政次訳、『ドス・パソス／スタインベック』所収、尾上政次／瀬沼茂樹／杉木喬／西川正身訳〔「世界文学大系」第八十七巻〕、筑摩書房、一九六三年／③ドス・パソス「北緯四十二度線」尾上政次訳、『ドス・パソス／スタインベック』所収、尾上政次／瀬沼茂樹／杉木喬／西川正身訳〔「筑摩世界文学大系」第七十五巻〕、筑摩書房、一九七四年）にも所収されているが、第二部『一九一九年』（一九三二年）と第三部『大金』（一九三六年）には戦後すぐの並河亮による翻訳しかなく、訳注がほとんどない不十分なものであるばかりか、そもそも改造社の親本（ドス・パソス『U.S.A.』全三巻、並河亮訳、一九五〇―五一年）も第四期新潮文庫（ドス・パソス『U.S.A.』並河亮訳、新潮社、一九五七―五九年）も今日では希覯本で、収蔵図書館さえ少なく、簡単に読むことができない。その意味では長さも手頃な本作は、ジョン・ドス・パソス入門として最適と言えるだろう。

（2）廣瀬英一『ジョン・ドス・パソスを読む』（三重大学出版会、二〇〇七年）では、物語の最後に至り、エレン（イレーヌ）・サッチャーは「えたいの知れぬ欠如感に悩まされつつも、自動的、機械的に反応して」「ニコニコと相手のほうに歩」く「機械仕掛けの人形」（三五ページ）になっていて、ジェイムズ（ジミー）・ハーフは「ニューヨークの価値観にはっきりと反逆し」「前途の展望はない」ものの、「新しい生活の第一歩を踏み出」していると解釈している（三七ページ）。

（3）中央公論社版「新集　世界の文学」第三十六巻（一九六九年）には、ロシアやメキシコへの旅行記「あらゆる国々にて」（西田実／大橋健三郎訳）が併収されている。

ジョン・スタインベック「疑わしい戦い」

『天の牧場／疑わしい戦い』橋本福夫訳（「三笠版　現代世界文学全集」第二十巻）、三笠書房、一九五五年

「疑わしい戦い」（一九三六年）は、『二十日鼠と人間』（一九三七年）、『怒りの葡萄』（一九三九年）

とあわせて、大恐慌下の一九三〇年代の農業労働者を描いた三部作の一つとされる。突然の大幅な賃下げで搾取されるカリフォルニアのリンゴ園の季節労働者たちが、共産党員である老練なマックや若手有望株ジムの指導の下で、独占的な資本力をもつ大地主と、その手先の警察、自警団、マスコミ、スキャップ（代替要員）などを相手に、命がけのストライキに打って出る。闘争は猖獗《しょうけつ》を極めるが、武器なき労働者たちは、資本家側の幾多の卑劣なやり口、すなわちスパイの潜入、放火、でっち上げの新聞報道などを前に、糧道を断たれ、頼りにした医者や小地主の協力を失うなどして追い詰められていく。ストの敗北を予感しながらも、マックやジムは「このささやかなストライキの勝敗はわれわれにとっては問題ではない」「勝っても負けてもわれわれにとっては何らかの益するところがあるだろうし、この闘いは今後長く続くのだ」と超然かつ従容として受け入れる。「解説」で訳者が述べているように、「自分のためには、なにひとつ望んでいない」共産党員は、この先の世代の労働者たちにプラスになる礎、いわば自らを捨て石と位置付けて、「自己滅却的な」「宗教的とさえいえる」雄々しい闘いを展開している。ジョン・スタインベック（John Steinbeck、一九〇二―六八）はここに引き付けられて、ストライキの開始から終了までに特化した小説を書いたのだろう。

多数のノーベル賞作家のなかでも、アメリカ人が最も共感し敬愛しているのはスタインベックかもしれない。主な映画化作品を挙げるだけでも、『怒りの葡萄』（監督：ジョン・フォード、主演：ヘンリー・フォンダ、一九四〇年）、『エデンの東』（監督：エリア・カザン、主演：ジェームズ・ディーン、一九五五年）、『二十日鼠と人間』（監督・主演：ゲイリー・シニーズ、一九九二年）など、名作・話題

ジョン・スタインベック『天の牧場／疑わしい戦い』

作がめじろ押しだ。(1) そしてその豊饒なラインナップに、本作をもとにした『疑わしき戦い』（監督・主演：ジェームズ・フランコ、二〇一六年）が加わった。(2) しかし驚くなかれ、なんと本邦未公開。わずかにソフトが販売・レンタルされたにとどまったのである。この映画を公開しても儲からないと考えたのか、それとも、違うと信じたいが、労働者側に同情的な争議の描き方を左傾的と考えて自粛したのか。(3)

本作の橋本福夫訳は、初めダヴィッド社から上・下二冊本で出た（スタインベック『疑わしい戦い』〔ダヴィッド選書〕、一九五四年）。翌年三笠書房の「三笠版 現代世界文学全集」第二十巻に入ったが（同じく橋本訳で短篇「天の牧場」併収）、その後は大阪教育図書の「スタインベック全集」の第三巻として新訳（スタインベック『疑わしき戦い』廣瀬英一／小田敦子訳、一九九七年。これもいまでは入手困難）が出るまで、長らく忘れられた幻の作品だった。映画化はこの名作が広く注目される格好の機会で、日本公開があれば文庫化さえも期待できただけに、残念でならない。

注

(1) 未見だが『廿日鼠と人間』(監督：ルイス・マイルストン、主演：ロン・チェイニー・ジュニア、バージェス・メレディス、一九三九年)もある。

(2) 原題は『In Dubious Battle』で、ジョン・ミルトンの『失楽園』(一六六七年)にある神とサタンの戦いを指す言葉から採られた(第一巻第百四行)。訳者も「解題」で書いているように、「勝負《かちまけ》わかぬ戦いに」というような意味だから、本作と映画の邦題はそのニュアンスを正しく伝えているとは考えにくい。今日では『疑わしき戦い』が定着しているようなので、いまさら変更するのは混乱を招くからやむをえないだろうが、『心もとない闘い』あたりでよかったのではないだろうか。

(3) ちなみに、映画は原作の精神を正しく伝える非常に良心的なものだが、一部に改変がある。映画では労働者の怒りを爆発させるために、ダン老人のはしごにマックが細工したり、ロンドンが初めから争議団長だったり、党の資金カンパに活躍する青年ディックがイーディという女性だったり、ロンドンの娘リサの夫がお産の前から逃亡していたり、そのリサとジムとの恋愛が挿入されていたりと、様々な細かい点に異同がある。特にラストシーンの変更は作品の印象を異なるものにしている。映画では闇夜の果樹園に呼び出されたのはジムで、マックは罠だと見破り、彼を抑えてかわりに自らが出向いて銃殺される。したがって最後の演説をするのは、立派な活動家に成長したジムである。原作では、二人でいたところを襲われたが、ジムが撃たれて死に、その追悼の言葉を吐くのはマックである。

ジョン・オハラ「サマーラの町で会おう」

谷口陸男訳、フィッツジェラルド／ウェスト／スタインベック／オハラ『フィッツジェラルド 偉大なギャツビー／ウェスト 孤独な娘／スタインベック 赤い小馬／オハラ サマーラの町で会おう』所収、野崎孝／丸谷才一／西川正身／谷口睦男訳（「20世紀の文学 世界文学全集」第十八巻）、集英社、一九六六年

ジョン・オハラ（John O'Hara、一九〇五―七〇）はアメリカ・ペンシルベニア州のポッツビルに生まれた。アイルランド系でカトリックだったことから、周囲のWASP（ホワイト・アングロ・サクソン・プロテスタント）とは一定の距離を感じて育つ。新聞記者から始まりジャーナリストとしての仕事をし、最初の長篇である本作（一九三四年）が認められて以後は創作に専念。エリザベス・テイラー主演の映画『バターフィールド8』（監督：ダニエル・マン、一九六〇年）の同名の原作（一九三五年）など、ハードボイルド調の写実的な風俗長篇小説を書くとともに、多くの短篇を「ザ・ニューヨーカー」（コンデナスト社）などに寄稿した。植草甚一はこの作家をこよなく愛し、田中小実昌はひどいスラングに悩まされたと言いながらも、魅力的な訳書『親友《パル》・ジョーイ』（オハラ〔講談社文庫〕、講談社、一九七七年）を出版している。

ペンシルベニア州の地方都市ギブズビルでキャデラックの修理販売店を経営している三十歳のジュリアン・イングリッシュは、土地の名士で医師である父と、教養豊かで美しい妻キャロラインをもち、生活に苦労することなくゴルフや社交界のパーティーに日々明け暮れる気楽なアッパーミドル階級に属している。大酒を飲んでは騒動を起こすのが彼の一大欠点で、キャロラインは気に病んでいる。一九三〇年。世界恐慌の余波はこの田舎町にはまだ及んでいない。十二月二十四日の晩、泥酔したジュリアンは、クラブで得意げに話を披露する資産家のライリに無性に腹を立て、彼に仕事上の多額の借金があるにもかかわらず酒のグラスを投げつけて目の周りにけがを負わせる。その結果ライリが属するカトリック教会勢力をも敵に回すことになり、ビジネス面で打撃を被る。十二月二十五日、妻の勧めでライリの家まで謝罪にいくも、当然面会は拒否されてしまう。その晩、キャロラインの見ている前で、酔ったジュリアンは勢いでクラブの女性歌手ヘレンを車に連れ込んでしまう。ヘレンが密売酒を扱う裏社会のボス、チャーミーの情婦だったので、これまでキャデラックの販売に協力してくれていたチャーミーとの関係は決定的に悪化する。十二月二十六日、恥をかかされたキャロラインは反省の色がない夫と離婚することを決意して実家に帰ってしまう。にもかかわらずジュリアンはクラブで酔って傷痍軍人

フィッツジェラルド／ウェスト／スタインベック／オハラ『フィッツジェラルド 偉大なギャツビー／ウェスト 孤独な娘／スタインベック 赤い小馬／オハラ サマーラの町で会おう』

の友人や弁護士連中と暴力沙汰を起こして追い出される。さらに、家を訪ねてきた新聞記者の女性を飲ませて誘惑しようとして失敗。あげくの果てに、車庫内で車のエンジンをかけ放し、一酸化炭素中毒で自殺する。まだジュリアンを愛していたキャロラインは深く悲しむ。

表題にあるサマーラはカザンの南に位置するボルガ川に面したロシアの町。巻頭にモームの戯曲『シェピー』(一九三三年)からの引用があり、サマーラの町で死に神と出会う逃れられない運命を背負った男が登場する。(1) ジュリアンの人生の暗転にかかる時間はわずか四十八時間。負のスパイラルに陥ったかのような一連の破天荒な狼藉と転落は死に神に魅入られてのもの、ということなのかもしれない。自転車で電柱に激突するなど、これまで泥酔して数々の失敗をした筆者に彼を非難する資格はないが、三十歳にもなって酒乱の果てに身の破滅につながる騒動を起こす男には同情の余地はない。ただ、とばっちりを受けたキャロラインは無性に気の毒に感じた。オハラはこの小説で実に丁寧に町の社交界の勢力図や登場人物の心の動きを描写しているが、特に彼女については第五章全部を割いている。二十七歳になってジュリアンと恋に落ちるまで、色恋沙汰がいろいろあっても結婚を決意するに至らず、けなげに自分を守ってきた過去が語られていて、それに共感して親近感が湧くからである。

注

(1) このメソポタミアの伝承物語は特にイギリスとアメリカでは広く知られているようで、ジェフリー・アーチャー「死神は語る」(『十四の嘘と真実』永井淳訳〔新潮文庫〕、新潮社、二〇〇一年)にも所収されている。またロンドン・ウィークエンド・テレビジョン制作のテレビドラマ『名探偵ポワロ』(一九八九―二〇一三年)第六十一話「死との約束」でも、エルキュール・ポワロとボイントン卿との会話でこの逸話に言及されるシーンがある(アガサ・クリスティの原作にはない)。さらにBBC制作のテレビドラマ『SHERLOCK／シャーロック』(二〇一〇―一七年)の第十一話「六つのサッチャー」にもこの物語が登場する。

ユードラ・ウェルティ「デルタの結婚式」

丸谷才一訳、ベロー／ウェルティ『ベロー 雨の王ヘンダソン／ウェルティ デルタの結婚式』所収、佐伯彰一／丸谷才一訳(「世界の文学」第五十一巻)、中央公論社、一九六七年

ユードラ・ウェルティ(Eudora Welty、一九〇九―二〇〇一)はアメリカ南部に根差した地域色が濃い女性作家。単独での文庫本が一冊もないので一般にはなじみが薄い。本作(一九四六年)は『緑のカーテン』(一九四一年)などで短篇小説の名手とされる作家の、ジュブナイルとされる『The Shoe Bird』(一九六四年)を除いて五つある長篇のうちでも代表作といえるものである。(1)

ベロー／ウェルティ『ベロー 雨の王ヘンダソン／ウェルティ デルタの結婚式』

一九二三年の夏、母を亡くし、その実家に引き取られることになった九歳のローラは、ミシシッピ州のデルタ地方にある大農園主フェアチャイルド家を訪れる。当主のバトルとその妻エレンには八人の子どもがいる。折しも週末に次女ダブニーが農園管理人トロイと結婚式を挙げるので、人気者の叔父ジョージをはじめ親戚一同が顔をそろえつつあった。小説は複数の人物の視点からフェアチャイルド一族の生き方や価値観を描くことで、南部の白人の心の闇をあからさまにしていく。

それなりに長い小説だが、描いてある九日間で特段大きな事件が起こるわけではない。ダブニーは倍以上も年齢が離れた男と身分違いの結婚をするのだが、周囲の不安に心が揺れながらも自身の腹を決めていく。[2] 一方、街で弁護士をしているジョージ叔父は妻のロビーに家出される。理由の一端は、ローラが来る一週間ほど前のこと。戦死した彼の兄デニスの娘で知的障害があるモーリーを、迫りくる列車イエロー・ドッグの前にジョージが身を投げ出して命がけで救ったことにあった。夫が自分以外の者のためにまであのような行動に出たことをロビーは理解できないし、家出した自分の行方を探そうともしないことには腹の虫が収まらない。しぶしぶ帰ったあとも、彼が属しているフェアチャイルド家に特有の陰湿な閉鎖性や無理解、唯我独尊ぶりにロビーは我慢がならない。小説は、結婚式を終えたトロイ夫婦、なんとか関係を修復しようとするジョージ夫婦、十度目の懐妊をしたエレン、それぞれが新しい生活に思いをはせる夕暮れのピクニックの場面で終わる。

訳者はこの小説を「南部の明るさと暗さ、健全さと病患を同時に把握しよう」としたものと評価し、また「在来の家庭小説にはほとんど見られないような無倫理的な態度」が「鋭い社会批評」になっていると語っている（「解説 ウェルティの人と作品」）。前者としては、例えばかわいらしく生きとした子どもたちの日常が描かれる一方で、子どものためにかえってときに冷酷さがむき出しになり、ローラがよそ者としての疎外感を抱く場面があること、あるいは同じ価値観でまとまった一族同士の交流とは別に、刃物を持ち出してけんかをし、また主人にも歯向かう荒んだ黒人たちの姿が描かれていることが思い起こされる。後者の例として訳者は、結婚式の記念撮影の際に、森のなかにいた謎の家出白人少女の轢死の情報が伝わる点を挙げている。これに加えるなら、英雄的で他者への愛にあふれ魅力的なはずのジョージ叔父が、道を尋ねたその少女を綿繰り場に連れ込んで悪びれてもおらず、エレンをあぜんとさせることも挙げられるだろう。訳者も「登場人物の性格がいささか揺れ動く」としているが、それぞれが一筋縄では語れない暗部を抱えていることが、単純そうな話ながら、共感を呼びにくい難解さと奥深さを感じさせる理由になっているように思われる。これが南部というものなのだろうか。

注

（1）中央公論社版「世界の文学」では、ソール・ベロー「雨の王ヘンダソン」（佐伯彰一訳）を併収。

なお本作には川上芳信による先行訳があり（E・ウエルテイ『デルタの結婚式』岡倉書房、一九五〇年）、最近新しく本村浩二訳が刊行された（ユードラ・ウェルティ『デルタ・ウエディング』論創社、二〇二四年）。またほかの四つの長篇にも翻訳がある（ユードラ・ウェルティ『大泥棒と結婚すれば』青山南訳〔「文学のおくりもの」第二十二巻〕、晶文社、一九七九年、ユードラ・ウェルティ『ポンダー家殺人事件――言葉で人を殺せるか?』ソーントン不破直子訳、リーベル出版、一九九四年、ユードラ・ウェルティ『大いなる大地』深町眞理子訳〔「海外純文学シリーズ」第六巻〕、角川書店、一九七三年、同『マッケルヴァ家の娘』須山静夫訳、新潮社、一九七四年）。

（2）中村紘一は『アメリカ南部小説を旅する――ユードラ・ウェルティを訪ねて』（〔学術選書〕、京都大学学術出版会、二〇〇八年）のなかで、ダブニーがトロイとの身分違いの結婚を急ぐ理由として、彼女が妊娠していたからだとするバーバラ・ハレル・カーソンの説を紹介している。ただしその根拠について中村は積極的には支持しておらず、むしろトロイの農園主としての適性（反抗する黒人に厳しい制裁を加える能力など）を知っていたか、本能的に感じていたからではないかと解釈している。

ジェームズ・エイジー「家族のなかの死」

金関寿夫訳、サリンジャー／エイジー『サリンジャー 九つの物語／エイジー 家族のなかの死』所収、

中川敏／金関寿夫訳（「集英社版 世界文学全集 ベラージュ」第八十一巻）、集英社、一九七八年

巻頭には「ノックスヴィル、一九一五年の夏」と題された長めの散文詩（一九三八年に独立した詩として発表）が置かれている。

夏の日の夕暮れが迫る、テネシー州の田舎町ノックスヴィル。セミやコオロギの声、四輪馬車や市街電車の立てる音が聞こえてくる。母は夕食の片付けをし、父は芝生に水をやる。やがて星が瞬くなか、父、母、叔父、叔母、そして子どもの「ぼく」も、裏庭の芝生に広げた刺子蒲団《クイルトぶとん》の上に寝転び、穏やかに何でもない会話を楽しむ。「ぼく」は神さまに家族を祝福してくださいと祈る。そしてベッドに入り、眠りの女神の胸に引き寄せられる……。

家族の愛情に囲まれて幸福だった子ども時代の日常の一情景、もはや帰らぬ日々の懐かしい思い出を、眼前に光景が浮かぶほど丁寧に描写していて、はるか昔に似た経験をした人は強烈なノスタルジーに誘われるだろう。この詩をもとに、アメリカの作曲家サミュエル・バーバーが一九四七年に作曲した同名のソプラノ独唱の管弦楽伴奏歌曲（作品二十四）も圧倒的にすばらしい。原詩がもつ感傷的な抒情性を完全に音楽化した、一聴して忘れがたい名品である。

本作はジェームズ・エイジー（James Agee、一九〇九―五五）の自伝的な長篇小説（一九五七年）。六歳の少年ルーファス・フォレットは、家族や親戚の愛情に包まれた幸福な子ども時代を過ごしていたが、ある春の日に父ジェイが交通事故死する。たくましく、活力にあふれ、ルーファスをチャールズ・チャップリンの映画に連れていってくれ、居酒屋でウイスキーを飲みながら息子の自慢話

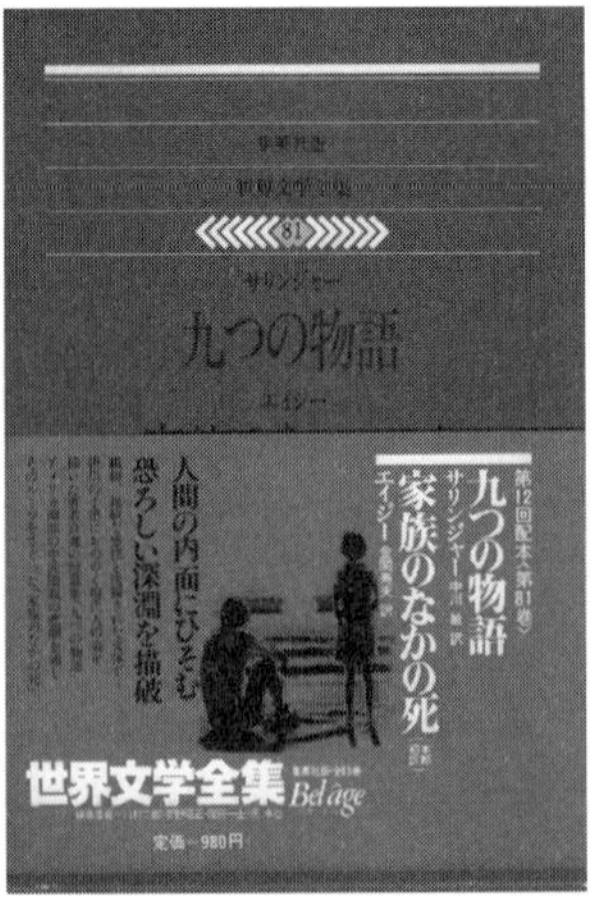

サリンジャー／エイジー『サリンジャー 九つの物語／エイジー 家族のなかの死』

をしていた父。酒場に寄ったことを母メリーに内緒にするかわりにキャンディーを買ってくれた父。その突然の死にルーファスはじめ家族は悲しみの底に突き落とされる。信仰にすがる母と、それに理解を示す祖父の妹ハンナ。一方で二人を冷めた目で見つめる祖父ジョエル。信仰がなかった亡父に対して傲慢な態度を示す神父に憤る母の弟アンドリュー……。登場する多くの親族それぞれの個性を丁寧に描き分け、事故の前日から葬儀までの数日間を再現している。会話の脱線から誰かが手洗いに行くことまであまりに何でも書いてあるので最初は素人くさく稚拙にさえ思えたが、現実にあったことを省略なく詳細かつ完全に再現しようとする姿勢こそがこの小説の個性であると気がついた。とりわけ、ルーファスや四歳の妹キャサリーンが事態に戸惑う心理の描写が秀逸だ。

エイジーは四十五歳で心臓発作のため亡くなってしまったので、本作は遺作として残された。実際に父が亡くなる一年前の夏を描いた前述の散文詩を巻頭に置くことは、担当編集者が決断した。一九五七年に刊行されるとすぐにピュリツァー賞を受賞するなど、アメリカ人の心を打つ名作として高く評価されたが、どういうわけか邦訳はこの全集だけ（J・D・サリンジャー「九つの物語」〔中川敏訳〕併収）。このまま埋もれるにはいかにも惜しい。ぜひどこかで再刊をお願いしたい。

ジョン・バース「酔いどれ草の仲買人」

①『バースⅠ 酔いどれ草の仲買人Ⅰ』野崎孝訳（「集英社版 世界の文学」第三十五巻）、集英社、一九七九年、『バースⅡ 酔いどれ草の仲買人Ⅱ』野崎孝訳（「集英社版 世界の文学」第三十六巻）、集英社、一九七九年／②野崎孝訳、川村二郎／菅野昭正／篠田一士／原卓也編、ソール・ベロー／ジェイムズ・ボールドウィン／ジョン・バース『アメリカⅢ』所収、宮本陽吉／沼澤洽治／野崎孝訳（「集英社ギャラリー 世界の文学」第十八巻）、集英社、一九九〇年

二〇二四年四月二日、ジョン・バース（John Barth、一九三〇—二〇二四）が亡くなった。トマス・ピンチョンと並び称される現代アメリカのポストモダン文学の巨人で、母校のジョンズ・ホプキンス大学の教授を務めるかたわら、旺盛な創作力で桁外れに長い小説を何作も生み出した。ほとんどの作品は翻訳されているものの、どれもがあまりに長大なため、比較的短い初期の二作だけしか文庫・新書になっていない。(1) 本作（一九六〇年）はそれらに続くバースの第三作で、上下二段組みで千ページにも及ぶ、圧倒的な文学や歴史の知識・教養を総動員して描かれた、フィールディングのスタイルを巧みに模したピカレスク・ロマンである。

主人公は十七世紀末に実在した詩人エベニーザー・クック。ケンブリッジ大学を落第し、娼婦ジ

バース『バースⅠ酔いどれ草の仲買人Ⅰ』

ヨーン・トーストをミューズとして崇拝して童貞詩人たることを誓うなど、人生の目的に目覚める以前は主人公らしからぬ風変わりなヘタレ男だった。業を煮やした父親にアメリカ植民地メリーランドの領地へ連れ戻されることになる。渡米前に拝謁したボルティモア卿から桂冠詩人の称号を受けたことから、『イリアッド』に匹敵する叙事詩『メリーランディアッド』を執筆する詩人になる決意を固める。航海中の嵐や海賊の襲撃を乗り越えて、ようやくたどり着いた新大陸でも他人に身分をかたられたり、土地領有権をめぐる陰謀から騒動に巻き込まれたりするなど（このあたりは法廷サスペンス小説）、多くのトラブルを経験していく。副主人公は狂言回しの役割を担いながら、自らの出生の秘密を探っているエベニーザーの元家庭教師バーリンゲーム。変装術を駆使して物語に絡んで主人公の危機を救い、彼が一人前になれるよう導いていく。エベニーザーは最後に「酔いどれ草の仲買人」と題された風刺詩を書くに至るが、主人公の精神的成熟が成し遂げられたという意味では、本作にはドイツ流の教養小説を思わせる側面があるとも言えるだろうか。

　例えばボルティモア卿にエベニーザーが拝謁した際に聞かされる植民地メリーランドの歴史など実に詳細を極めていて、当時のアメリカがなんとも過酷な無法地帯だったことがわかって勉強になる。しかし、この時代この地方の歴史になじみがない人間にとっては、多くの地名・人名が怒濤のように出てきて間違いなく混乱し、たびたび脱線し、しかもそれが長いことに辟易するだろう。この小説はバルザックの作品のように、特に後半になると本が手放せなくなるが、そこにたどり着くまでに相当程度の教養と忍耐力が要求されるように思われる。とはいえ、長大さにひるむことなく挑む価値がある名作だ。

注

(1) ジョン・バース『フローティング・オペラ』田島俊雄訳(サンリオ文庫)、サンリオ、一九八七年、同『旅路の果て』志村正雄訳(白水Uブックス)、白水社、一九八四年

第3章　ドイツの文学

ヨーゼフ・フォン・アイヒェンドルフ「フリードリヒの遍歴」

神品芳夫訳、『フリードリヒの遍歴』神品芳夫／石井不二雄／川村二郎訳（「世界文学全集 デュエット版」第九巻）、集英社、一九七〇年

「ノヴァーリスが、ロマン主義の暗い、神秘的な、魔的な面における代表者であるとすれば、アイヒェンドルフは、その明るい、甘美な、楽天的な面での代表者といえる[1]」と要約されるように、後期ロマン派の詩人ヨーゼフ・フォン・アイヒェンドルフ（Joseph von Eichendorff、一七八八—一八五七）の詩作の中心は、簡潔・素朴に風景美、望郷の念、憧憬と放浪を歌った抒情詩であり、ロベルト・シューマン（歌曲集『リーダークライス 作品三十九』〔一八四〇年〕など）、フェリックス・メンデルスゾーン、フーゴ・ヴォルフらによる歌曲としても親しまれた。また最晩年のリヒャルト・シュトラウスによる『四つの最後の歌』（一九四八年）の第四曲「夕映えの中で」は、人生の黄昏にたどり着いた平穏な境地をしみじみと歌う、静謐かつ透明な、信じがたいほどに美しい音楽だが、この人類の至宝ともいうべき作品も、アイヒェンドルフの詩があればこそ後世のわれわれに残されたのである。

一八一五年に書かれた本作（原題は『予感と現在』）は、ヨハン・ヴォルフガング・フォン・ゲーテ『ヴィルヘルム・マイスターの修業時代』（一七九六年）の影響を強く受けた教養小説である。すでに大家の域にあったゲーテの作品の模倣に終わらないようにと、二十代後半の若者なりの苦心の跡が各所に感じられる。

最大の特徴は、あたかも『伊勢物語』に代表されるわが国の歌物語のように全編のいたるところに総計五十以上もの詩がちりばめられているところであり、ストーリーだけではいささか単調に感じられるという欠点を補う効果をもたらしている。

加えて主人公の伯爵フリードリヒが、ほかの主要登場人物に対してもつ違和感を通じて、その俗物さや軽薄さを辛辣に風刺している点も大きな特徴である。冒頭の登場シーンからして主人公のマドンナになるかと思われたローザは、美人だが奔放で、都会の歓楽に耽溺し、多情かつ浅薄で打算的な女として描かれる。フリードリヒはローザを愛しながらも、当然失望を繰り返す。その兄レオンティンとは友情で結ばれるが、悪意はないにせよレオンティンがしばしば無警戒に突拍子もない行動に出ることに対して、フリードリヒは距離を置かざるをえない。未亡人ロマーナは教養豊かな人物としてローザとは対極にあるが、主人公を露骨に誘惑する姿には引いてしまう。幼いころにフ

アイヒェンドルフ『フリードリヒの遍歴』

リードリヒと生き別れていた兄のルドルフは、心が荒み厭世的で、夜郎自大なところが滑稽である。

そして最後の特徴として、苦い経験を経て魂の成長を遂げたフリードリヒが選んだ針路が修道院という意外な場であることを挙げたい。都市の頽落に失望して漠然とした放浪の旅を終え、対ナポレオン戦争に加わって辛酸をなめた結果、外的な繁栄の陰で内的な充足は忘れられているという同時代の欠陥に気がついたためである。ただし新大陸へと旅立つレオンティンともども、その未来への希望はまだ現在のところ、危うい予感にとどまっている印象だ。

あまりにも偶然の邂逅が多く、主人公の内面の変化の背景が詳細に語り尽くされていないなど、いかにも詩人が作った若書きの小説らしい不出来なところは散見されるが、それがドイツ・ロマン派らしいと言えなくもない。文庫を含めてもアイヒェンドルフの翻訳自体が少ないことと、この本でしか読めない本作に加えて「大理石像」(石井不二雄訳)と「のらくら者日記」(川村二郎訳)の二短篇も所収されているため、全集中この巻だけは別格に人気が高く、古書価もそれなりに付いているようである。

「世界文学全集 デュエット版」全六十六巻(毎月二巻ずつの配本だったのでこの名がある)は集英社初のオーソドックスな選書の世界文学全集だったが、一冊三百九十円と格安だったため廉価普及タイプの造本で魅力に乏しい。加えて若い人を対象にしたためか、トーマス・マン「魔の山」(福田宏年訳、『魔の山/ヴェニスに死す 他』福田宏年/佐藤晃一訳〔「世界文学全集 デュエット版」第五十二巻〕、集英社、一九六九年)、レフ・トルストイ『戦争と平和』(原久一郎訳〔「世界文学全集 デュエット版」第三十一巻、第三十二巻〕、集英社、一九六八年)やロマン・ロラン『ジャン・クリストフ』(斎藤正直訳（「世界文学全集 デュエット版」第四十四巻、第四十五巻）、集英社、一九六八年）などの長大な作品は縮訳されているのが惜しまれる。

注

（1）岡田朝雄／リンケ珠子『ドイツ文学案内 増補改訂版』朝日出版社、二〇〇〇年、五四ページ

エドゥアルト・メーリケ「画家ノルテン」

手塚富雄訳、メーリケ／ケラー『メーリケ 画家ノルテン シュツットガルトの皺くちゃ親爺／ケラー 三人の律義な櫛職人 馬子にも衣裳 幸運の鍛冶屋 ディーテゲン 仔猫シュピーゲル』所収、手塚富雄／熊井一郎／堀内明訳（「世界文学大系」第七十九巻）、筑摩書房、一九六四年

「画家ノルテン」（一八三二年）は、ゲーテの『ヴィルヘルム・マイスターの修業時代』の系譜に連なるドイツ的な教養小説ともされるが、すでに時代はロマン主義から写実主義に移りつつあった。

それを反映して、主人公の魂の成長を描くよりも登場人物の心理描写に力が入れられている。ハインリヒ・ハイネら政治的な「青年ドイツ派」とは距離を取った穏健保守的な作風は「ビーダーマイヤー」文学と呼ばれる。

主人公は青年画家テオバルト・ノルテン。故郷に婚約者アグネスがいながらも、ツァルリーン伯爵の妹コンスタンツェ未亡人を愛慕している。ノルテンに恋していたいとこのジプシー娘エリーザベトは、アグネスの不実をノルテンに信じ込ませて別れさせようと計略を図る。ノルテンの親友ラルケンスは、友とアグネスとの愛を取り持とうと、ノルテンには内緒で身代わりにアグネスと文通し、その内容をコンスタンツェの目にふれさせ、彼女を失望させる。

あるとき、ノルテンとラルケンスが共作して伯爵邸で上映した幻灯劇が原因で、二人は逮捕・拘禁される。釈放後も伯爵邸に出入り禁止になり、ノルテンはコンスタンツェを諦める。国外に去ったラルケンスは、手紙でノルテンに自分の行為を告白する。友情に感動したノルテンはアグネスと結婚する。

その後、状況は一変する。零落したラルケンスは謎の自殺を遂げ、アグネスも夫の告白で手紙の真相を知り、さらにエリーザベトからの脅迫におびえ、ついに神経症を悪化させて投身自殺してしまう。一方、エリーザベトも精神錯乱が進んで路上で果て、妻を失い悲嘆にくれるノルテンもエリーザベトの幻影に脅かされて謎の突然死を遂げる。病気のため隠棲し、ノルテンの幸福を願っていたコンスタンツェの余命さえもわずかだった。

途中まではいかにも十九世紀前半のドイツ文学の調子なのでフンフンと読み進めていたのだが、

誰も真に幸福になれないまま主要人物全員が一挙に死ぬという悲劇的な結末は驚きだった。著者が二十八歳のときに刊行された本作は、エドゥアルト・メーリケ（Eduard Mörike、一八〇四―七五）自身の神学校から副牧師時代の経験が色濃く反映された青春の書である。独特の憂愁をたたえながらも雑然としている感は否めないが、訳者が指摘しているとおり、「この書の小説としての素人性は、その長所と分かちがたい表裏一体をなしている」（「解説――メーリケ」）ところに魅力があると思われる。

前掲『絶版文庫四重奏』でメーリケの貴重な短篇集『宝の小箱』（小野浩訳〔角川文庫〕、角川書店、一九六〇年）を紹介した際に、再登場が待たれる著者唯一の長篇小説として言及したのが本作である。爾来二十余年が過ぎたものの、復刻ないし新訳が登場することはなかった。気がつけば、新訳版のメーリケ『旅の日のモーツァルト』（宮下健三訳〔岩波文庫〕、岩波書店、一九七四年）が出たのでさえ、もう半世紀も昔。これはよく売れたので古書での入手は容易だが、しばらく前から版元品切れである。メーリケはゲーテ以後のドイツ抒情詩人の最右翼でありながら、悲しいかなドイツ文学学習者や研究者以外からは忘れられてしまったようだ。なお本作は全二部構成で、同じ手塚富雄訳の第一部だけは一九四八年に筑摩書房から

メーリケ／ケラー『メーリケ 画家ノルテン シュツットガルトの皺くちゃ親爺／ケラー 三人の律義な櫛職人 馬子にも衣裳 幸運の鍛冶屋 ディーテゲン 仔猫シュピーゲル』

出たことがあるものの、完訳はこの筑摩書房の「世界文学大系」でしか読むことができない。第四十巻所収のウィリアム・メイクピース・サッカレー「いぎりす俗物誌」（一八四六年）などとともに、この全集で最も貴重な作と言えるだろう。併収は同じメーリケの童話的短篇「シュツットガルトの皺くちゃ親爺」（熊井一郎訳、一八五五年）と、ゴットフリート・ケラーの短篇集『ゼルトヴィラの人々』（一八五六年、七三年、七四年）から五編（堀内明訳）である。

コンラート・フェルディナント・マイヤー「ペスカラの誘惑」

小栗浩訳、ボードレール／マイヤー／ペイター『ボードレール 悪の華／マイヤー ペスカラの誘惑／ペイター 架空の人物画像 他』所収、安藤元雄／小栗浩／菅野昭正訳（「集英社版 世界文学全集 ベラージュ」第四十二巻）、集英社、一九八一年

前掲の拙著『絶版文庫万華鏡』のなかで、コンラート・フェルディナント・マイヤー（マイエルとも表記。Conrad Ferdinand Meyer、一八二五―九八）の代表作『愛国者』上・下（岡村弘訳〔世界文庫〕、弘文堂書房、一九四〇年。原題は『ユルク・エナッチュ』）を紹介した折に、「この半世紀にマイ

ヤーの歴史小説の新訳が新刊書店に並んだ」唯一の例として挙げたのが本作（一八八七年）である。ロマン主義の王道をいくような疾風怒濤劇の『愛国者』とは対照的に、本作は酸いも甘いも噛み分ける、渋い大人のための作品になっている。

一五二五年に神聖ローマ皇帝カール五世（スペイン王としてはカルロス一世）は、将ペスカラ侯（フェルナンド・フランチェスコ・ダヴァロス）の活躍によってイタリア・パヴィアでフランス軍を破る。危機を感じたイタリア諸国はミラノ公の宰相モローネを中心に、皇帝軍に対抗するためにナポリ王の地位を餌にペスカラ侯を寝返らせる計画を練る。しかし、このモローネからの誘惑を受けたときには、戦傷が原因で自身が余命いくばくもないことをペスカラ侯は知っていた。だからモローネが理想主義の仮面をかぶり、狡猾な策謀にあふれる大演説をぶったところで、死ぬ運命を前にして諦念の域に達していたペスカラ侯の心には響かず、演劇の観客のようにその場面を「死者と愚者」と評するだけである。タイトルからは、忠義と野望の板挟みになって苦悩するペスカラ侯の物語がイメージされるが、この小説は「ルネサンスの英雄の運命との壮烈な葛藤の物語ではなく、死にとらえられた個の心情の浄化」（「訳者解説」、以下、同）を主題にして[1]いる。それを語るのは最後の場面。死に直面したペスカラ侯は、「生にたいする自由なゆ

ボードレール／マイヤー／ペイター
『ボードレール 悪の華／マイヤー ペスカラの誘惑／ペイター 架空の人物画像 他』

とりある理解」「生にたいする寛容と愛」の境地に達した。皇帝への忠誠を貫いて勝利し、死に至る傷を自らに負わせた敵兵ツグラッゲン、さらには反逆したミラノ公やモローネさえも許し、疲れて眠る若い農民のような表情をして、その年の暮れに没するのである。(2)

理念は別にしても、ペスカラ侯の妻でミケランジェロ・ブオナローティの友人だった閨秀詩人ヴィットリア・コロンナ、長大な『イタリア史』（一五三七―四〇年）で知られるフランチェスコ・グイチャルディーニなど、著名な登場人物が生き生きと活躍する「重厚で華麗な」マイヤーの筆致は、まさしく「ルネサンス期の名匠たちの、克明に描き込まれた歴史画」を見るかのようなワクワク感を与えてくれる。イタリア戦争を題材にした屈指の名作であり、単独での再刊が待たれる。(3)

注

（1）田村久男「C・F・マイヤーの『ペスカーラの誘惑』――道化師モローネ」（明治大学教養論集刊行会編「明治大学教養論集」第三百二号、明治大学教養論集刊行会、一九九七年）に示されているように、誘惑が空振りに終わるという点でタイトルと内容が相違することについては、出版当時から様々な意見が交わされたようである。またペスカラの傷が脇腹への槍傷であること（もちろんコンラート・フェルディナント・マイヤーの創作）など、イエス・キリストとペスカラのイメージを重ねる描写が散見されることについて、田村は従来支配的だった、この世の苦悩を解放してくれる「死」の聖化、「死」の賛美という解釈ではなく、一貫して空騒ぎをおこなった道化的存在のモローネの描写と同じく、一種の遊び的なパロディーと捉えている。

（2）小説冒頭に登場するミラノ公の広間を飾る絵に描かれた草刈りの農夫（運命の刈り手としては死に神）と、この結末は符合する。訳者の指摘にあるように、マイヤーの計算された意図を、本作ではこのように隠喩として随所に見ることができる。

（3）「集英社版 世界文学全集 ベラージュ」のこの巻は、シャルル・ボードレール「悪の華」（安藤元雄訳）とウォルター・ペイターの短篇集「架空の人物画像」とその他の短篇（合計七編、菅野昭正／土岐恒二／篠田一士／川村二郎／菊池武一／富士川義之訳）でまとめて一冊になったもの。どう見ても意味不明な組み合わせだという、当然予想される批判に対して、巻末で篠田一士が「本巻を編むにあたって」と題して真意を伝える異例の文章を寄せている。ただこれが「わからないやつにはどうせわからんだろう」的なスノッブ臭が強い文章で、以前から篠田の博識ぶりを尊敬していた、まだ若かった自分は一読ひどく失望したものだった。世界文学全集を手に取る人が、全員ことごとく分野のアカデミック・エリートであると勘違いして書いた文章ではないだろうか。なお本作を含むマイヤーの十一編の小説作品（恒吉法海訳）が、無料でオンライン公開されていることを付言しておきたい（九州大学附属図書館「C．F．マイヤー著『中短編集』（全十一編翻訳）」［https://catalog.lib.kyushu-u.ac.jp/opac_detail_md/?lang=0&amode=MD100000&bibid=6794872］［二〇二四年十二月十二日アクセス］）。

ゲーアハルト・ハウプトマン「アトランティス」

角信雄訳、ゲルハルト・ハウフトマン／（アルトゥール・）シュニッツラ／（ヴィルヘルム・）シュミットボン／ヘルマン・ヘッセ『アトランティス／グストウル少尉／奉公／アウグストゥス』所収、角信雄／石川錬次／実吉捷郎訳（「新世界文学全集」第八巻）、河出書房、一九四一年

戯曲の傑作を次々と発表する一方で、わずかな短篇以外には小説を書いてこなかったゲーアハルト・ハウプトマン（ゲルハルトとも表記。Gerhart Hauptmann、一八六二―一九四六）が、一九一二年、五十歳になろうかというときに突然発表した二つの長篇の一つ。(1)自然主義の大家としての名声にとどまることなく、夢幻的な象徴主義の作風へと軸足を移しながら、新しい方向性を打ち出そうとしたものと考えられる。また「訳者解説」にあるように、本作の場合には作家自身の三度にわたる大西洋航海の経験が影響している。とりわけ二度目の航海で利用したエルベ号がのちに海難事故で沈没したこととの衝撃と、三度目の航海に際してアドリア海で暴風に遭遇して漂流した経験が執筆動機になっている。

三十一歳の医師・細菌学者のフリードリヒは学問研究が行き詰まり、妻との結婚生活も破綻して

いる。そんな彼に衝撃を与えたのは十六歳の舞姫インギーゲルト。彼女の妖艶な舞台を偶然見て以来、熱に浮かされたように崇拝するようになり、ニューヨークのひのき舞台を踏もうとローラント号でニューヨークに向かう彼女を追って同じ客船に乗り込む。船内では、インギーゲルトをもてはやして取り囲む雑多な人々に嫉妬を覚えると同時に、移り気でわがままなインギーゲルトに幻滅しながらも、思いを断ち切れずに苦悩する。そんな航海の途中、大西洋上でローラント号が難破。ローラント号は沈没し多くの死者が出たが、フリードリヒとインギーゲルトを乗せた救命艇は幸い貨物船に救助され、ニューヨークに上陸できた。アメリカでも、インギーゲルトに幻惑され、翻弄される日々が続くが、やがて彫塑家エヴァやかつての学友の田舎医師ペーターらとの交流や、三週間にわたる生死をさまよう熱病体験によって、フリードリヒを捕らえていた過去の呪縛は消散していく。折しも精神を病んでいた妻の死を手紙で知ったフリードリヒは、エヴァに求婚し、両親と三人の愛児が待つドイツに二人で戻る決心をする。

ローラント号船内での日常、多彩な乗客・乗員の群像、嵐に遭遇した折の限界状況まで、臨場感あふれる描写にはさすがの筆力を感じさせるものがある。さらに、フリードリヒがしばしば襲われる悪夢や幻影や白日夢のグロテスクで幻想的な光景も真に迫っている。ただいかんせん、このフリードリヒという男、三十歳で三人の子持ちならそれなりの分別があってもよさそうなものの、重篤なロリコンに加えて精神的に未熟で甘ったれた言動が絶えず、共感できるところが全くない。小説は彼の精神遍歴を追いかけるが、なぜハウプトマンはこんな男を主人公にしたのだろうか。そして脇役だったとしても、エヴァも十分な個性や人間味が描き込まれておらず、影が薄い印象なのも惜しまれる。
ハウプトマン自体が忘れられつつあるとはいえ、自然主義の戯曲などはそれでも文学史に足跡をとどめているのに対し、本作はほとんど黙殺されている。さすがに巨匠の手によるもので、凡作として片付けられてしまうには惜しまれる魅力があるのだが。それにしても長い生涯に変転した作風は同一人物とは思えないほどで、ハウプトマンこそは、文学界のイーゴリ・ストラヴィンスキー、まさに鵺《ぬえ》のような存在と言えるのかもしれない。

注

(1) もう一つは『キリスト狂エマヌエル・クヴィント』(一九一〇年。邦訳はハウプトマン『基督狂』上・下〔橋本忠夫訳、白水社、一九四一年〕)。なお、ゲーアハルト・ハウプトマンの文庫本リストは、前掲の拙著『絶版文庫万華鏡』を参照のこと。

リカルダ・フーフ「ルードルフ・ウルスロイの回想」

高橋健二／国松孝二訳、リカルダ・フーフ／エーミール・シュトラウス／ヴィルヘルム・フォン・ショルツ／マックス・メル／エドヴィン・エーリヒ・ドヴィンガー『ルードルフ・ウルスロイの回想／ゔぇーる／ミケランジェロと奴隷／伝説／子供部屋』所収、高橋健二／国松孝二訳（「新世界文学全集」第五巻）、河出書房、一九四一年

こんな書き方をしたら、昨今の風潮では批判されかねないが、リカルダ・フーフ（フックとも表記。Ricarda Huch、一八六四―一九四七）のこの長篇小説は、いかにも女性の手によるものだなあと思わざるをえない。

何しろ登場人物が少ない。主役のルードルフはいまでいうニートに近い傍観者的な語り手で、そのほかの登場人物はルードルフの肉親か親戚という、純度が高い家庭小説なのだ。ルードルフとは対照的にいとこのエッツァルトは弁護士で、その父ハッレとともにドイツ・ハンブルク市のコレラ防疫と水道事業改良に尽力する活動的な人物だが、ルードルフと妹ガライデの家庭教師だったスイス女のリュシールと結婚する。しかし、やがてエッツァルトはガライデと相愛になり、その家庭生活は破綻する。さらにルードルフの父が商売の失敗で家運が傾いたのを苦に自殺、次いでハッレもコレ

ラ防疫の不首尾の責任を負わされて自殺するなど、一族には暗い影が忍び寄る。やがてリュシールが夫の不実を苦に煩悶のうちに病死したので、エッツァルトとガライデの結婚に障害がなくなる。ところがリュシールの弟で、粗削りで野性的なガスパールがガライデを愛しはじめ、風変わりな押しの強さで迫ると、心を攪乱されたガライデは飛び降り自殺を遂げる。エッツァルトは仕事に精を出して一人で息子を育てるが、傷心のガスパールは修道院に入り、ルードルフ自身も世の中がいやになり、同じく修道院に入る道を選ぶ。

リカルダ・フーフ／エーミール・シュトラウス／ヴィルヘルム・フォン・ショルツ／マックス・メル／エドヴィン・エーリヒ・ドヴィンガー『ルードルフ・ウルスロイの回想／ゔぇーる／ミケランジェロと奴隷／伝説／子供部屋』

高橋健二は「解説」で「この作品は写実的な心理描写を駆使する一方、現実離れした耽美的ロマン主義に貫かれておりながら、一糸乱れぬ端然とした古典的様式を持つてゐる」「素材に伴ふ感傷の過多が、透徹した知性と、芸術的品位に救われてゐる」「一巻を貫く甘美なメランコリックなメロディーと、織りまぜられた深い知的な人生観察はこの小説に全く独特な地位を与へてゐる」と書くなど、本作を高く評価している。そのことに異を唱えようとは思わないが、現実離れというよりも社会的背景についての描写が不十分なために、いつの時代の話なのかが不明瞭になっている。仮にロマン主義とはそういうものだと言われても、文章全体は写実主義なのでいただけない。また物語の終盤、エッァルトと長年育んできた静的で安定した純愛がある一方で、ガスパールに対して抱く本能的な愛欲を否定しきれなくなって、心が引き裂かれ追い詰められていくガライデの姿などは、確かに作者の知的な人生観察ないし人生経験なしには書きえないものとして評価したいが、それを第一に描きたいのならば、エッァルト以外の一族全員が死ぬか世を捨てるという、いくら何でもありえないストーリー展開でなくてもよかったように思うのだが。[1]

作品が女性的と最初に書いたが、フーフの人生は当時の女性としては破格のものだった。歴史小説群をはじめ、ロマン主義を再評価した評論、哲学的な著作に抒情詩まで、多方面に才能を発揮し、女性初のゲーテ賞に輝いた。さらにナチスに対しては忠誠を拒否し一貫して抵抗するなど、男たちよりも気骨と勇気があったのである。一応は本作（一八九三年）が代表作とされているようだが、この経歴を知るとほかの作品を読めたら印象が変わる気がする。ほとんど翻訳がなく、今日では全く忘れられているのが残念である。[2]なお、この本には珍しい四つの短篇、エーミール・シュトラウス「ゔぇーる」、ヴィルヘルム・フォン・ショルツ「ミケランジェロと奴隷」、マックス・メル「伝説」、エドヴィン・エーリヒ・ドヴィンガー「子供部屋」（いずれも高橋健二訳）が併収されている。

注

（1）リカルダ・フーフ自身がいとこで姉の夫のリヒャルトに道ならぬ恋をした経験をもつことなどからもわかるように、本作には自伝的な要素が含まれている。

（2）小説だとほかには短篇集、リカルダ・フーフ『月夜の輪舞』（関泰祐訳〔ドイツ女流作家叢書〕、郁文堂、一九四一年）があるぐらいである。

ヘルマン・シュテール「霧の沼」

国松孝二訳、カロッサ／シュテール『医師ギオン／霧の沼』所収、国松孝二／池田猛雄訳（「三笠版現代世界文学全集」第二十五巻）、三笠書房、一九五五年

僻地の小学校教師で極貧生活を送っていたが、同じシュレジエン地方出身のハウプトマンの勧めで自然主義作家としてデビューし、のち幻想的神秘主義へと作風を転換したヘルマン・シュテール（シュテーアとも表記。Hermann Stehr、一八六四―一九四〇）。翻訳は少なく、今日のわが国ではほぼ忘れられた作家になっている。(1) その暗い色調の作品は、作者の苦悩に満ちた人生遍歴を多分に反映している。「環境のなかに根づよく支配している前近代的な宗教観の因襲や、次第に速度をはやめて迫ってくる理性化と機械化との時代傾向」（訳者による「解題」、以下、同）などの外的勢力に加え、「悪質の遺伝や情欲や獣性など」の内的勢力とも闘争しなくてはならない、「押しひしがれた人間の

魂の」「悲痛なる絶叫」がどの作品でも一貫して描かれて、「神を探求してなやみつづけ」る「苦難の人生行路」が主題になっている。闇深い内容に加えて、方言や造語・誇張の多用が文章を難解なものにしていることもあり、作品が評価されていた時期にさえも日本ではあまり翻訳紹介されてこなかった。一九三〇年代の四年間、ノーベル文学賞の候補に挙がっていたそうだから、偉大な作家であることは間違いないのだろうが。

『霧の沼』は一九二四年に刊行され、原題を『ペーター・ブリントアイゼナー』という。これは『三夜』(一九〇九年)、『聖者屋敷(ハイリゲンホーフ)』(一九一八年)から続く三部作の第三作である。簿記掛の老人ペーターが若者ユングマンに語る回顧録という形式をとる。ペーターが生まれたブリントアイゼナー家はシュレジェンの豪農で、隣家のジントリンガー家とは仇敵の間柄だった。隣人への偏執狂的な憎しみしか頭にない粗暴な父と放蕩者の兄に嫌気が差し、勉学に励んで法律家への道を志したペーター。ジントリンガー家の盲目の聖少女ヘレーネへのひそかな純愛を育み、理想主義に燃えていた彼だったが、無理に抑えつけていた遺伝的本性が覚醒するにつれて堕落して怠学し、蠱惑的な女マチンカに引き寄せられて肉欲に溺れるに至る。一度は更生してヘレーネとの愛に救いを得ようとするが、そのとき奇跡が生じてヘレーネの目が見えるようになる。天使のように魂の目でものを見

カロッサ／シュテール『医師ギオン／霧の沼』

ていた彼女が、現世を直視することでその神性が後退し、肉をもつ人間としてペーターを愛するようになってしまう。これがむしろ災いしてペーターは再度混迷に落ち込み、マチンカとの情事へと走る。ほどなく傷心のヘレーネは沼に身を投げ、若き日の行為への贖罪を果たせずに生きてきたペーターも、ユングマンにすべてを語り終えると、つかれたように沼へ投身するのだった。

ペーターがユングマンに語りだす本筋に入るまでの経緯が冗長なことに加え、すべてがペーターの視点で語られるため、ヘレーネを含めほとんどの登場人物の心理描写を欠いているのは残念に思えた。実は『聖者屋敷』では同一の物語をヘレーネの視点から描いていて、本作は前作の補完的な役割を担う作品ということになる。おそらく両方読むことではじめて、この神秘的で悲劇的な恋愛物語を精緻に捉えることができるのではと考えられるので、片方しか訳がないのは作者にとっても日本の読者にとっても残念と言わざるをえない。

注

(1) ほかの訳書としては戦中に刊行されたヘルマン・シュテール『マンデル家物語』(松田又七訳〔世界文庫〕、弘文堂書房、一九四〇年)、同『後継者』(藤原肇訳、大観堂、一九四二年)、同『薄氷』(国松孝二訳〔「ドイツ民族作家全集」第七巻〕、実業之日本社、一九四三年)がある。最後のものは書名こそ異なるが、本作の旧版である。なお「三笠版 現代世界文学全集」には、ハンス・カロッサ「医師ギオン」(国松孝二/池田猛雄訳)が併収されている。

ハインリヒ・マン「臣下」

①小栗浩訳、『H・マン 臣下／ヒッポスパーノ／地下の国からの帰還／コーベス』小栗浩／渡辺健／佐藤晃一訳（「世界文学全集」第四十五巻）、筑摩書房、一九六七年／②小栗浩訳、『H・マン集』小栗浩／渡辺健／佐藤晃一訳（「世界文学全集」第四十五巻）、筑摩書房、一九七〇年

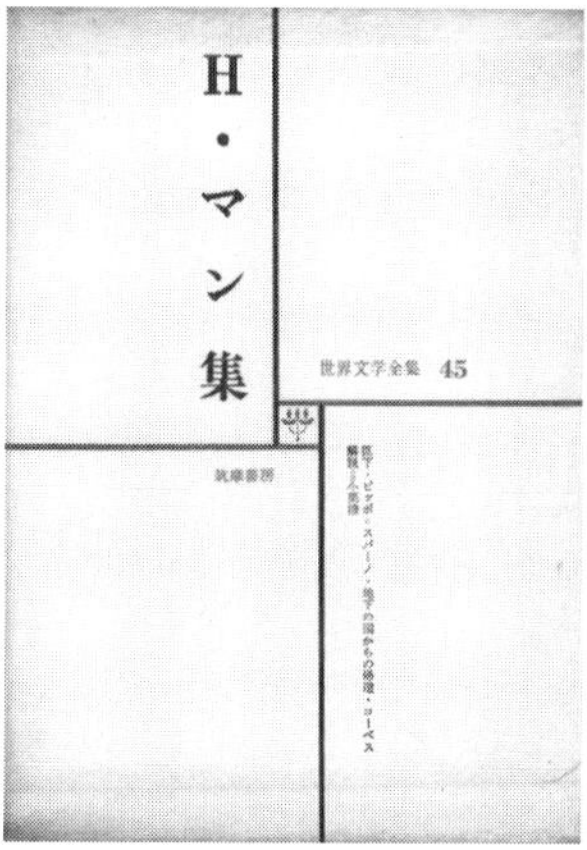

ハインリヒ・マン『H・マン集』

トーマス・マンの兄ハインリヒ・マン（Heinrich Mann、一八七一―一九五〇）。偉大な弟の陰に隠れてわが国への紹介は遅れていて、長らく文庫で読めない作家だったが、ようやく二〇二四年五月に『ウンラート教授――あるいは一暴君の末路』が岩波文庫に入った（今井敦訳、岩波書店[1]）。筑摩書房のこの一巻は、メインに据えた長篇「臣下」に加えて、短篇「ピッポ・スパーノ」（渡辺健訳）、「地下の国からの帰還」（佐藤晃一訳）、「コーベス」（渡辺健訳）も所収していて、その多彩な文学活動を端的に知ることができる一

冊になっている。

「臣下」は諂上《てんじょう》欺下《ぎか》で権力をつかんでいく小人物を徹底的に風刺した作品である。十九世紀末の帝政ドイツ、架空都市ネッツィヒが舞台。権力に妄執する野心家ディートリヒ・ヘスリングは、国粋的な学生組合に加入し、皇帝ヴィルヘルム二世の忠実な臣下になることを目指す。自らもカイゼル髭を蓄え、皇帝の名前をかたって勝手に打った電報が既成事実として社会に許認されたことに感動し、イタリア訪問する皇帝の「追っかけ」をして一人悦に入るなど、右翼的思想をもつグロテスクなまでに滑稽な小人物である。また仮病を使って徴兵逃れをし、出世に役立たないと判断した恋人を捨てるなど、卑怯な性根の男でもある。そんなヘスリングが親から相続した工場の経営に乗り出す。自由主義者で町の実力者ブック一家と対決し、社会民主主義者との裏取引に加え、卑劣な密告や阿諛追従などの手段を駆使し、運も味方につけて勝利を重ねてのし上がっていく。加えて、粗暴な政府長官ヴルコー、事なかれ主義で決断力がない市長シェッフェルヴァイス、改宗ユダヤ人で権力志向が強い検事ヤーダスゾーンなど、食えないがリアルな登場人物が多数配置され、それらが第一次世界大戦になすすべもなくなだれ込んでいく当時のドイツ社会の見事な縮図になっている。

一九〇六年から資料を集め始めた作者は、本作を随時雑誌に掲載して発表し、全体が仕上がったのは一四年の開戦直前とのこと。訳者の「解説」によれば、本書にはすでに開戦が不可避でドイツが敗北すること、さらにはファシズムの到来さえもが予言されている。しかし弟トーマスでさえ、大半のドイツ人が基本的に政治的無関心であることを理由に、本作で示された警鐘を軽視していたそうで、ハインリヒの先見性は敗戦後の一八年に本作が単行本として世に現れたときに初めて認められたとのことだ。なお、この小説で描かれている「権力にしがみつく亡者」（「解説」）どもの卑屈で醜悪な姿は普遍的なものであることは言うまでもない。あなたが所属する組織や職場にもヘスリングはいるでしょう？

注

（1）戦前のドイツを代表する映画『嘆きの天使』（監督：ジョセフ・フォン・スタンバーグ、主演：マレーネ・ディートリヒ、エミール・ヤニングス、一九三〇年）の原作として有名。「世界文学全集」にも所収がある（ハインリヒ・マン「嘆きの天使」和田顕太郎訳、トオマス・マン／ハインリヒ・マン『ブッデンブロオク一家（2）嘆きの天使』所収、成瀬無極／和田顕太郎訳〔「世界文学全集」第二期第十九巻〕、新潮社、一九三一年）。

ヤーコップ・ワッサーマン「若きレナーテの生活」

国松孝二訳、ヤーコップ・ワッサーマン／テーオドール・シュトルム／（アーダルベルト・）シュティフテル／エルンスト・ウイーヒエルト『若きレナーテの生活／北の港／運命の三人鍛冶屋／牧童図』所収、国松孝二／小島貞介訳（「新世界文学全集」第十三巻）、河出書房、一九四〇年

ヤーコップ・ワッサーマン（ヴァッサーマンとも表記。Jakob Wassermann、一八七三―一九三四）は、写実主義や自然主義が隆盛していた十九世紀末から二十世紀の初めに、ロマン主義の復活を掲げた新ロマン主義のユダヤ系ドイツ作家である。今日では忘れられてしまったが、多くの長篇小説群は当時高く評価されていた。本作も含め、ほとんどの翻訳は戦前に集中しているため、最も知られている業績といえば、ジュリアン・デュヴィヴィエによる往年の名画『埋れた青春』（主演：ダニエル・ジェラン、一九五四年）の原作『モーリツィウス事件』（一九二八年）の著者としてのものだろうか。(1) 本作は『ツィルンドルフのユダヤ人』（一八九七年）に次ぐ著者の第二作で、一九〇〇年、二十七歳のときに出版された。前作が自らも直面した人種的偏見や迫害を扱ったのに対して、本作では婦人解放が当時の社会問題になっていたのを背景に、幾多の苦難にも屈することなく自立して生きようとする「新しい女性」の姿を描こうとしている。

公爵と婚約したレナーテ・フックスは平民出身のたいへんな美女だったが、年の差がある相手の愛情がない高慢な態度に傷つき、仕事に就こうとせずに学生生活を引き延ばしているワンデラーと衝動的に駆け落ちしてしまう。束縛を嫌うレナーテはワンデラーと結婚しようとせず、社会的に不自然な関係を続けた二人はやがて生活に行き詰まるとともに不仲になる。ワンデラーと別れたレナーテは作家のグレートシュティッカーと親しくなるが、慎重を欠いた行動から悪い噂を立てられ、

それがもとで友人アンナーとの関係も悪くなる。ついに女中をして糊口をしのぐまでに追い詰められるが、泥棒の疑いをかけられて奉公している家を出ざるをえなくなる。レナーテが頼れるのは、しつこく言い寄ってきていた、いかがわしい舞台と接待を商売にする悪人グラウマン以外にない。契約破棄の大金を払って商売女としての堕落した生活を清算したレナーテは女工になるが、そこで知り合ったミリアームの病身の兄アーガトンが他人宛てに書いた手紙の文章を偶然読み、そこに自分と同じく繊細で孤高の人間を見いだす。すでに死の床にあったアーガトンを訪ねて旅をしてきたレナーテは、やがて彼の子を身ごもり、生まれた男の子との生活に情熱と生きる喜びを感じる。

レナーテの彷徨は辛苦に満ちたものだったが、取り巻く男たちのエゴと欲望に翻弄されたことが主因とはいえ、自立した女性としての芯の強いたくましさを当人が欠いていたことも問題と思われる。身分違いの結婚でさげすまれるのはいや、偽名で同棲していても生活力がない男の妻になるのもいや、連日深夜まで男を家に呼び込んでいても結婚するのはいやと、とにかく夫に隷属する主婦になることに強く反発するレナーテだが、当時の社会で女一人、誰の助けもなく生きていくのはいばらの隘路でしかない。にもかかわらず、一切のプライドを捨てて腹をくくって底辺で生きようとするには裕福に育ちすぎ、美貌がじゃまをするのだった。居場所を見つけられず挫折の連続というべきレナーテの半生をいささかリアルさを欠いて描くこの小説は、当時たいへん好評だったそうだ。ヘンリック・イプセンの『人形の家』のような衝撃的な戯曲がすでに一八七九年に書かれていることなどを思えばにわかには信じがたいものがあるが、それだけ純粋な心をもちながら世間に傷つき、しかし戦う心の強さをもてずにいた人が多かったということだろうか。レナーテがついに見いだした理想の男アーガトンは辺鄙な田舎にひっそりと暮らす。彼は死に際して、生まれてくる男の子を「パルツィファルのやうに、世間と離して育てて」ほしいと希望する。しかし、これではあまりに後ろ向き、内向きすぎて、私のような俗人はその生きざまに共感できないのだが。

河出書房版「新世界文学全集」は、メインの長篇小説のほかに短篇を三、四編入れていることが多い。ここではテーオドール・シュトルム「北の港」(国松孝二訳)、アーダルベルト・シュティフテル「運命の三人鍛冶屋」(小島貞介訳)、エルンスト・ウイーヒエルト「牧童図」(小島貞介訳)が併収されている。

注

(1) 映画の公開に合わせて原作本のヤコブ・ヴァッサマン『埋れた青春』(秘田余四郎訳〔おんどり・ぽけっと・ぶっく〕、雄鶏社、一九五五年)が刊行されているが、抄訳である。

フーゴ・フォン・ホフマンスタール「影のない女」

①高橋英夫訳、リルケ／ホフマンスタール『リルケ マルテの手記 他／ホフマンスタール 影のない女』所収、川村二郎／神品芳夫／高橋英夫訳（「集英社版 世界文学全集 ベラージュ」第六十六巻）、集英社、一九七八年／②高橋英夫訳、川村二郎／菅野昭正／篠田一士／原卓也編、ライナー・マリア・リルケ／フーゴ・フォン・ホフマンスタール／トーマス・マン／ヘルマン・ヘッセ／ギュンター・グラス／アルトゥル・シュニッツラー／ヨーゼフ・ロート／ハンス・エーリヒ・ノサック『ドイツII』所収、川村二郎／高橋英夫／圓子修平／井上正蔵／高本研一／岩淵達治／渡辺健／小栗浩訳（「集英社ギャラリー 世界の文学」第十一巻）、集英社、一九九〇年

リヒャルト・シュトラウスの音楽は長らく苦手だった。絢爛とした響きの交響詩群の押し付けがましいストーリー、とりわけ「英雄」と自賛する人の「家庭」の話などを音楽で聴かされるというだけで引いてしまっていたため、愛聴する曲はシリアス系の交響詩『死と変容』（一八八九年）、『メタモルフォーゼン』（一九四五年）、『四つの最後の歌』、そして文句なしに楽しい『アルプス交響曲』（一九一五年）や楽劇『ばらの騎士』（一九一一年初演）ぐらいだった。フーゴ・フォン・ホフマンスタール（Hugo von Hofmannsthal、一八七四―一九二九）との一連の共作のなかでも最高傑作と

リルケ／ホフマンスタール『リルケ マルテの手記 他／ホフマンスタール 影のない女』

もいわれる楽劇『影のない女』についても、一九九二年、愛知県芸術劇場のこけら落としに、三代目市川猿之助演出で、ヴォルフガング・サヴァリッシュ指揮バイエルン国立歌劇場がおこなったプルミエ公演をNHKで見たが、重く暗い舞台とメロディアスとは言えない絶叫まがいの歌唱に戸惑い、イタリア・オペラを好んでいた当時の私にはそのよさが響かなかった。[1]

小説「影のない女」もオペラ同様にファンタジー仕立てのストーリー。霊界の姫はレイヨウに変身して人間界に来ていたところを帝に射止められ后になったが、影がない。この物語での影は子どもを宿す力を指している。父である霊界の王カイコバードは后が三日以内に影を手に入れるか、さもなければ帝が石に変えられると伝える。魔法を駆使できる后の乳母は、染物屋バラク夫婦の仲が冷え込んでいるのに付け込み、バラクの妻を誘惑・籠絡して影を奪うことを企てる。しかし、哀れに愚かしく翻弄される人間を不幸に陥れてまで影を奪うことに后は躊躇しはじめる。そしてその気高い心が奇跡を呼ぶ……。「影のない女」はオペラのほうが有名だが、実は台本を提供したホフマンスタールは、初演の年（一九一九年）に小説化した本作を送り出している。[2] 微妙に異なるものの基本的に粗筋は同じだが、全集本二段組みで百ページ程度の長さであっても、そこにはオペラの台本には到底盛り込めなかった要素、例えば奸智にたけた狡猾な乳母の心理描写や、赤いタカを追ってきた帝が洞穴で乙女に出会って石に変えられてしまう顚末（第四章）などが描き込まれているため、作品の奥行きが広がっている。おそらく斎藤成夫が指摘しているとおり、「みずから「解説」を書いたものの、それでもやはり聴衆はこの作品の理解にはとどかないと考えた」[3]ホフマンスタールが小説版を公表したというのが正しいと思う。ただし、小説そのものが結構難解なところがあり、単純化されたオペラのほうをむしろ明快と感じる人が多い気がする。ちなみに一九四六年、晩年になったシュトラウスもオペラの素材をもとに、交響的幻想曲『影のない女』という二十分あまりのオーケストラ曲を作っている。つまるところ、二人の共同作業で出来上がったオペラとはいえ、自分が伝えたいメッセージとしてそれぞれの得意分野の作品を個人として公にしたかったということになる。共作とは結局のところ、両者の主張がバチバチとぶつかり合った末の妥協の産物ということなのかもしれない。

注

（1）例えばキリル・ペトレンコ指揮、ベルリン・フィルハーモニー管弦楽団、バーデン・バーデン復活祭音楽祭（二〇二三年）での、リディア・シュタイアーの妄想に突き動かされた下品な演出に到底ついていけない私としては、当時こそ歌舞伎風の派手な衣装やメークに驚かされたものの、いまからみれば猿之助の演出は案外とオーソドックスで好ましい。不勉強な私は歌手陣もペーター・ザイフェルト（皇帝）ぐらいしか知らなかったが、いずれもさすがの熱演。特に純朴な染物師バラク役のバリトン、アラン・タイタスの歌唱が強く印象に残っている。
（2）邦訳を所収している①「集英社版 世界文学全集 ベラージュ」はライナー・マリア・リルケ「マルテの手記」（川村二郎訳）、「神さまの話」（神品芳夫訳）を併収。②「集英社ギャラリー 世界の文学」はギュンター・グラス「ブリキの太鼓」（高本研一訳）ほかを併収。
（3）斎藤成夫「オペラか、小説か？——ホフマンスタール／R・シュトラウスの『影のない女』」、盛岡大学紀要編集委員会編「盛岡大学紀要」第二十六号、盛岡大学、二〇〇九年、三〇ページ

トーマス・マン「大公殿下」

野島正城訳、『魔の山／大公殿下 他』関泰祐／望月市恵／野島正城訳（「世界文学全集（決定版）」第一期第十七巻）、河出書房、一九五四年

セレブにはセレブならではの悩みもありましょうが、庶民には関わりがないことでござんす。

トーマス・マン（Thomas Mann、一八七五―一九五五）自身の幸福な結婚を背景にした、メルヘン風の明るい作品（一九〇九年）である。小説のストーリーはごくごく単純。ドイツのある貧乏公国

の王子クラウス・ハインリヒは、病と無気力で没落する家系の下で、自らに期待される荘重かつ高貴な姿を大衆に見せ物的に演じつづける使命を受け入れ、他人と距離を取って孤独に生きている。そんな彼が、アメリカの大金持ちの娘インマ・スペールマンと出会う。活発な性格ながらセレブな境遇のために同じく他人から遠ざかり孤独に立てこもりがちなインマに共感を覚え、彼女の信頼を得ようと奮闘する。やがて王子は国家の再建策を学ぼうとするなど、人間的な成長を遂げる。二人の恋愛結婚で、財政危機から国は救われる。

ラストシーン、新婚の祝いに駆け付ける民衆たちを見下ろして二人は語る。「わたしたちは、人類の高みにいて、そして人生については何にも知らないのですわねえ！」「愛について知っている者が、人生について何も知らないといえるでしょうか。高位の身分と愛、このふたつを、これからぼくたちの大切な任務にしよう」。芸術家と同様に孤独が宿命の高貴な者といえども、地位と愛を両立できる幸福を手に入れられるとする、楽天的な結末である。

うーん、どうにも納得できない。小説を読むかぎり、日々の糧にも事欠く庶民の悲喜こもごもを夫妻が理解できているとは到底思えないし、為政者として当たり前の義務をようやく始めたにすぎない王子は、そのことに気づいてもいない甘ちゃんではないだろうか。スペールマン家の莫大な資産で国が潤って減税され、公国の民衆は喜びから素朴なまでに王室を敬愛し歓呼しているだけである。要は他人の懐で借金問題を解決しただけなのに、王子は「公共の福祉についてのきわめて現実的な研究」を十分にしてきたと自負さえしている始末なのだ。一読時にはこのめでたしめでたしの童話仕立てはマン一流の皮肉だろうかとも考えたが、私にはどうも『ブッデンブローク家の人々』

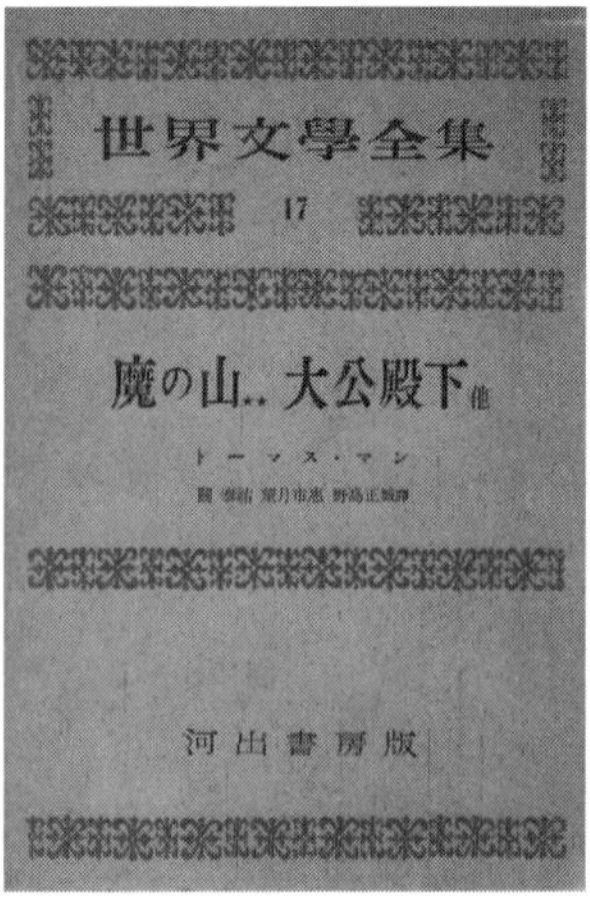

トーマス・マン『魔の山／大公殿下他』

（一九〇一年）で当たりを取って幸福な結婚をした自分を勝ち組と暗に意識し、自身と王子の姿を重ねていささか考え浅くこの作品を書いたように読める。文庫化されていない影が薄い存在になっていることにも理由があるように思う。

　河出書房―河出書房新社の「世界文学全集（決定版）」は一九五三年から五九年にかけて、第一期二十五巻、第二期二十五巻、第三期二十五巻、別巻五巻の全八十巻で刊行された。各巻三段組みでぎっしり詰め込まれているため、シェイクスピアからコナン・ドイル、現代戯曲まで所収作品は網羅的である。ただしセレクトは非常にオーソドックスなため、文庫化されていない作品は案外少なく、別項紹介のヘンリー・ジェイムズ「アメリカ人」、キャザー「私のアントニーア」以外だと、マルセル・プルースト「ジャン・サントゥイユの肖像」（井上究一郎／島田昌治／鈴木道彦訳、『ジャン・サントゥイユの肖像――他三篇』井上究一郎／島田昌治／鈴木道彦／清水徹訳〔第二期第十四巻〕、河出書房、一九五六年）などがある程度。いまとなっては装丁も貧相で紙質も悪く、さらに旧字体の活字が細かすぎて読みにくいのが難点で、昔から小汚い端本は均一本の常連だった。

　この本には、第一期第十六巻に所収できなかった『魔の山』の最終章のあとを埋めるようにして、短篇「小男フリーデマン氏」と中篇「マリオと魔術師」（ともに野島正城訳）ともども本作が所収されている。なお本作には竹田敏行・熊岡初弥訳(トーマス・マン『大公殿下』上・下〔「トーマス・マン全集」第八巻、第九巻〕、三笠書房、一九四〇―四一年)や川崎芳隆訳(トーマス・マン『薔薇よ香りあらば』上・下、リスナー社、一九四九年)もあったが、最も新しい山下肇訳(トーマス・マン「大公殿下」『トーマス・マン全集Ⅱ』山下肇/佐藤晃一訳、新潮社、一九七二年)が読みやすい。ただしバラで見かけることは少なく、全集のそろいはそれなりの価格である。

トーマス・マン「選ばれた人」

佐藤晃一訳、『選ばれた人/トニオ・クレーガー/ヴェニスに死す』佐藤晃一/野島正城訳(「世界文学全集 オプション103」第六十四巻)、講談社、一九七四年

中世の吟遊詩人ハルトマン・フォン・アウエの『石上のグレゴリウス』(一一九〇年ごろ)を素材にした、トーマス・マン晩年の長篇小説(一九五一年)。グリマルト王の子で双生児のウィーリギスとジビュラは愛し合い、兄妹相姦の罪を犯す。王位を継ぐも贖罪のため十字軍に参加したウィーリギスは死に、身ごもったジビュラはグリゴルスを産むが、赤子は出生の由来を記した書字板ととも

に樽に入れて海に流され、やがて僧院に拾われる。兄の死後に王位を継いだジビュラが隣国の王の求婚を退けたことがきっかけで戦争になるが、敗戦の危機を救った青年騎士こそは成長し父母を探して遍歴していたグリゴルスだった。母と息子であることを知らずに結婚した二人。しかし真実が露見すると、グリゴルスも父同様に贖罪の旅に出た。自ら岩の上に鉄の足かせをはめ、過酷な試練に耐える十七年が過ぎる。ローマ法王が没し、子羊の幻影はグリゴルスこそが次の法王グレゴリウスであると告げた。二人の紳士が来訪し、彼が発見される日が訪れる。

どこの国とは書かれていないものの、『ワルキューレ』(一八七〇年初演)と同じ近親相姦や、『ローエングリン』(一八五〇年初演)にも見られる騎士の身元が判明することからくる悲劇など、リヒャルト・ワーグナーのオペラを強く暗示する一連の展開からも、舞台がドイツであることは容易に想像がつく。ナチスによる迫害を逃れてアメリカで亡命生活を送っていたマンが、古い伝説の枠を借りて、「ドイツ民族の運命と、ドイツ民族に対する彼の愛と願いをこの小説に託した」「二つの近親相姦という罪は、今世紀ドイツが犯した二つの大きな罪――第一次世界大戦と第二次世界大戦を暗示している。一七年間の贖罪は、ドイツ民族への作者の要求であり、同じドイツ人の一人である作者自身の反省である。そしてこの贖罪の後にこそ、ドイツ民族の輝かしい未来が開けるのだという作者の期待が込められている」(前掲『ドイツ文学案内 増補改訂版』三一七ページ)とする解釈には、多くの点で納得させられるものがある。

佐藤晃一訳は唯一の翻訳で、最初は新潮社の「現代世界文学全集」第二十七巻に所収され(トーマス・マン「選ばれし人」『選ばれし人/トニオ クレーゲル/ヴェニスに死す/マリオと魔術師』佐藤晃一／高橋義孝訳、一九五三年）、その後講談社の「世界文学全集」第二十八巻（マン「選ばれた人」『マン 選ばれた人／トニオ・クレーガー ほか』佐藤晃一／野島正城／中田美喜訳、一九六八年）、新潮社版の『トーマス・マン全集 Ⅶ』（トーマス・マン「選ばれし人」佐藤晃一訳、一九七二年）にも所収された。「世界文学全集 オプション103」所収の本作は装いを変えて実に四度目の出版であり、現在までのところ最新の版である。定番の短篇「トニオ・クレーガー」と「ヴェニスに死す」（ともに野島正城訳）が併収されている。

「オプション103」と題された二度目の講談社の世界文学全集は解説・解題が充実していて、全百三巻・別巻一巻と巻数が多いために相当網羅的である。発売当初は本邦初訳をうたったものが少なくなかったが、ディケンズ「エドウィン・ドルードの謎」（『エドウィン・ドルードの謎 ほか6篇』小池滋訳、第二十九巻、一九七七年）、ヘンリー・ジェイムズ『鳩の翼』（青木次生訳、第五十四巻、一九七

マン『選ばれた人／トニオ・クレーガー／ヴェニスに死す』

四年）、エリオット『ミドルマーチ』（全二巻、工藤好美／淀川郁子訳、第三十巻、第三十一巻、一九七五年）などがその後文庫で登場した。そのため訳にこだわらなければ、この全集でなければという作品は、別項のジャン・ジロドゥ「ベラ」以外だと、ヨハン・アウグスト・ストリンドベリの戯曲（イプセン／ストリンドベリ『イプセン 人形の家 ヘッダガブラー ほか／ストリ

ンドベリ 夢の劇 令嬢ジュリー ほか』毛利三弥訳、第五十八巻、一九七六年)、セオドラ・ドライサーの短篇(アンダスン/ロンドン/ドライサー『アンダスン ワインズバーグ・オハイオ/ロンドン 野性の呼び声/ドライサー ルーシア アーニータ』小島信夫/浜本武雄/井上謙治/橋本福夫訳、第八十七巻、一九七九年)、ソーントン・ワイルダーおよびテネシー・ウィリアムズの戯曲(オニール/ワイルダー/ウィリアムズ『オニール すべて神の子には翼がある 楡の木陰の欲望/ワイルダー わが町 ほか/ウィリアムズ カミノ・レアル 地獄のオルフェウス』西田実/宮内華代子/宮内華代子/松村達雄/鳴海四郎/大庭みな子訳、第八十八巻、一九八〇年)など、決して多くはない。一九七四年から九三年までと全巻完結までに二十年もかかったうえに、第四十巻は所収作品を差し替えて再刊行されるなどの混乱もあった(一九七九年版に所収したウジェーヌ・フロマンタン「ドミニック」をオーギュスト・ヴィリエ・ド・リラダン「残酷物語」〔抄〕に交代し、八九年に刊行)。おそらく後期配本の部数は少なく、二種ある第四十巻を含めた全巻の大ぞろいはめったに見かけない。

ローベルト・ヴァルザー「ヤーコプ・フォン・グンテン」

藤川芳朗訳、カフカ/ヴァルザー『カフカ 審判 変身 他/ヴァルザー ヤーコプ・フォン・グンテン』所収、立川洋三／城山良彦／柏原兵三／藤川芳朗訳（「集英社版 世界文学全集 ベラージュ」第七十四巻）、集英社、一九七九年

二〇一〇年から一五年に新本史斉、若林恵、F・ヒンターエーダー＝エムデ訳で鳥影社・ロゴス企画からローベルト・ヴァルザー（Robert Walser、一八七八―一九五六）の全五巻の作品集が出るまで、日本語でこの詩人・散文作家の作品をまとめて読むことは困難だった。とりわけ三編の長篇小説のなかで、唯一本作がフランツ・カフカの「審判」（立川洋三訳）、「変身」（城山良彦訳）、「流刑地にて」（柏原兵三訳）の余白を埋めるようにして刊行されていたにとどまる。知られているように、一〇年前後にカフカが熱心に読んだのが、五歳年長のこのスイスの作家だった。「解説」で訳者はカフカが受けた影響については言葉を選んで慎重にまとめているが、そうしたこともあって併収作品に当時はほとんど知られていなかったヴァルザーが選ばれたということだろう(1)。

カフカが気に入ったことからも推測できるように、これは相当に風変わりな小説（一九〇九年）である。主人公のヤーコプ・フォン・グンテンは、良家の家柄の生まれにもかかわらず、「人に使われる取るに足りぬ人間になる」ために、召使養成学校ベンヤメンタ学院の寄宿生になる。いつも不機嫌な大男の校長は新聞を読んで独り言をつぶやいているだけで、その妹のリーザ先生が忍耐と服従、習い覚えたことへの適合と順応をたたき込むことに主眼を置いた教育に当たっている。存在感が圧倒的な級友は、上からの命令を遂行することに何の疑問ももたず、暇さえあればストイックに教科書を暗記することに専心し、ヤーコプの怠惰を見つけては罵倒するクラウスだ。ヤーコプは

しかしそんなクラウスの報われない愚直さに自分にはないものを感じ、好感を抱いている。やがてヤーコプはベンヤメンタ兄妹から好意を寄せられるようになり、愛情を受けることがない人生に疲れたリーザが亡くなると、校長は学院を閉じ、ヤーコプを伴って旅に出る。

カフカ／ヴァルザー『カフカ 審判 変身 他／ヴァルザー ヤーコプ・フォン・グンテン』

絶望するような特段の事情がなかったにもかかわらず、ヤーコプは自分を殺して将来六十年を人に奉仕して生きることを理想とする。立身出世や自己実現を目指す上昇志向とは正反対の「下降志向」の哲学が全編で延々と繰り返し述べられる。読者は最初こそ違和感を覚えても、ヤーコプが兄ヨハンの紹介で接した上流社会の華美で空疎な姿などから、この諦観が次第に説得力をもって迫ってくるだろう。なぜヤーコプのような生き方がダメだと言えるのか。その問いに答えることが簡単だと思う人には、この小説は退屈極まりないものだろうが。

「解説」によれば、ヴァルザー自身は他人との交際ができず、身の回りのことに無関心で、ときに粗暴な言動を見せるなど、奇行が目立った人だったそうだ。さらに兄の死や生活苦で追い詰められ、五十歳ごろから亡くなるまでの三十年近くは統合失調症の療養生活を余儀なくされた。狂気の世界と紙一重の天才ということならば、私も含めた凡人に理解できないところがあるのも当然かもしれない。

注

（1）ヴァルター・ベンヤミンも、放漫で無意図な外見の文章だが、人を引き付けて呪縛する言語の野生化が実現されているとして、ローベルト・ヴァルザーを高く評価した。

ヘルマン・ブロッホ「誘惑者」

①古井由吉訳（「世界文学全集」第五十六巻）、筑摩書房、一九六七年／②古井由吉訳、『ブロッホ集』（「世界文学全集」第五十六巻）、筑摩書房、一九七〇年／③古井由吉訳、『ムージル／ブロッホ』所収、古井由吉／生野幸吉／川村二郎訳（「筑摩世界文学大系」第六十四巻）、筑摩書房、一九七三年

オーストリアの作家ヘルマン・ブロッホ（Hermann Broch、一八八六―一九五一）の遺作。[1] 一九三三年に書き始められ、三五年にいったん完成した。その第一稿は『山の孤独の一年』または『デメーテル』と仮に呼ばれていた。[2] その後改訂を重ねたものの、決定稿が完成する前に著者が没したため、実はタイトルさえも決定的なものはない。古井由吉によれば研究者の間では『山の小説（Berg roman)』と呼ばれているそうだが、『誘惑者（Der Versucher）』ないし『魔法（Die Verzauberung）』と表記されることも多い。ちなみに古井訳で読むことができるのは、時代が異なる三種の遺稿をもとに、フェリクス・シュテッシンガーによって編纂されたものである。

一九二〇年代、美しい風景が広がるチロル山岳地方が舞台。山村にふらりと現れたマリウスは、廃坑に眠るという黄金で貧しい大衆を惑わせて引き付け始める。救済をもたらす教祖のように振舞い、山からの恵みを得るには自然に帰るべきだと主張して、ラジオや脱穀機を使わないことを強要する。その怪しさに気がついているのは、語り手である老いた村医者や不思議な予知能力を発揮する老婆ギションなど、少数にすぎない。やがて誘惑者の下に結束した民衆は犠牲者を求め、代理業の商人で異端のウェチーをスケープゴートに仕立てて執拗な追い出しを図る。ついには村人の多数がマリウスとその手先である侏儒ウェンツェルによって幻惑されてしまった。ある日、ギションの娘で、祝祭の山の花嫁に選ばれた少女イルムガルトが、宗教的熱狂のなかで殺害される事件が勃発する。いけにえの血が流されたことで山の神から富がもたらされると信じたウェンツェルらは廃坑を掘り進めようとするが、落盤事故が起こり死傷者が出てしまう。マリウスはそのまま村にとどまったものの、やがて誘惑者としての影響力は薄れていき、村の日常は次第に正常化する。ギションは没したが、新たな後継者が生まれることになるだろうと村医者は希望をもっている。

あえて小さな村で起きた騒動に置き換えているとはいえ、民衆の不満や不安に巧みに付け込んで籠絡し、狂信状態を作り上げることそのものは、アドルフ・ヒトラーの権力掌握をモデルにしていることが明らかだろう。ただ執筆開始時がナチス政権崩壊前という時代背景もあり、直接の批判が困難だったため記述は回りくどい。戦後におこなわれた改作が小説の後半部に及ばなかったためだろうか、結局マリウスは失脚も離村もしないし、ギションの批判や敵への舌鋒も鋭さを欠くなど、闘いも勝利も中途半端でもどかしさを感じる。もちろん、アーダルベルト・シュティフターに影響を受けたとされる美しい山岳地方の自然描写など、本作の魅力は当時の時代状況だけで語り尽くされるものではないが、一九五〇年に三度目の改作にとりかかったブロッホに、さらに数年の寿命があったなら、本作の印象はかなり変わったものになっていたかもしれない。

注

(1) 文庫になったヘルマン・ブロッホの作品は『夢遊の人々』上・下(菊盛英夫訳〔ちくま文庫〕、筑摩書房、二〇〇四年)だけ。紙幅の都合で取り上げられなかったが、『ウェルギリウスの死』(①川村二郎訳〔「20世紀の文学 世界文学全集」第七巻〕、集英社、一九六六年/②川村二郎訳〔「集英社版世界の文学」第十三巻〕、集英社、一九七七年)も世界文学全集の一冊として刊行されていた。なお、川村二郎訳『ウェルギリウスの死』はあいんしゅりっとが、二〇二四年五月に上・下二巻本で復刊した。また、あいんしゅりっとは『誘惑者』も復刊している(『誘惑者』上・下、古井由吉訳、二〇二四年)

(2) ①筑摩書房版「世界文学全集」の「訳者解説」によれば、デメーテルとは「愛娘を冥界の王にさらわれて探し求めた」「ギリシアの女神、大地の作物を育てる大母神」とのことである。

エーリヒ・マリア・レマルク「還りゆく道」

岩淵達治訳、レマルク／ケスラー『還りゆく道／真昼の暗黒』所収、岩淵達治／岡本成蹊訳（「三笠版 現代世界文学全集」第二十一巻）、三笠書房、一九五五年

マーク・トウェインの『ハックルベリー・フィンの冒険』（一八八五年）や、映画の例で恐縮だが『007／ロシアより愛をこめて』（監督：テレンス・ヤング、主演：ショーン・コネリー、一九六三年）のように、ヒットした第一作に勝るとも劣らない高評価を得たシリーズ第二作、いわゆる続篇ももちろんある。だが往々にして、正篇の二番煎じ、すなわち劣化コピーに終わってしまう続篇も少なくない。第一次世界大戦の塹壕戦でドイツの志願兵たちが直面した悲惨と苦悩をえぐり出し、刊行されるや世界中で三百五十万部の大ベストセラーになった、あの『西部戦線異状なし』（一九二九年）の続篇で、復員した帰還兵たちの狂わされた人生模様を扱った本作（一九三一年）は、どちらなのか。『西部戦線異状なし』が三度も映像化され、秦豊吉訳の古い新潮文庫（一九五五年）がいまでも版を重ねているのに対して、本作については七十年も前のこの唯一の翻訳が完全に忘却の彼方に沈んでいるが、これははたして正当なのか。(1)

『西部戦線異状なし』の主人公パウル・ボイメルの戦友だったエルンスト・ビルクホルツは、師範学校在学中に出征し、第一次世界大戦の西部戦線でからくも生き残った古参兵で、敗戦によって故郷に帰還した。家族に温かく迎えられるが、心の奥底に負った戦火の痛手のために、前線と内地の生活との大きな隔絶を乗り越えられない。故郷は戦場にならなかったので、エルンストの伯父をはじめとした闇成り金の生活ぶりは、戦前のそれと変わらず贅沢で華美である。一方で命を張って祖国のために戦ったエルンストを待っていたのは、食料難のために買い出し部隊を作って農家を巡って頭を下げる屈辱であり、世の修羅場を経験した男にとってはいまさら学ぶ価値など見いだせない講義を受講させられる生活だった。結局エルンストは特別措置で卒業して田舎の小学校教師になったものの、その単調な生活に意義を見いだせずに退職し、なすべきことを模索する。留守中の妻の不貞に悩むアドルフ、心のよりどころだった恋人を奪った成り金を射殺して黙々と刑に服するアルベルト、戦地から持ち帰った病毒に絶望して自殺するルートヴィヒ、娑婆の生活に愛想を尽かして国防軍に入るものの、そこにも居場所を見いだせず除隊するゲオルクなど、戦友たちもそれぞれにつらい復員生活を送る。もちろん、文学の膨大な蔵書を売り払って飲み屋を開業して財を成すカールや、ちゃっかり肉屋に入り婿して自分の食料問題を解決するテイヤーデン（この愛すべき不精者だけは『西部戦線異

レマルク／ケスラー『還りゆく道／真昼の暗黒』

状なし』にも登場する）のように、要領よく立ち回る者もいるし、悠々と田舎教師生活を楽しむウィリーのような者もいる。

　暗く悲惨な物語のようだが、『西部戦線異状なし』でもそうだったように、死線を越えてきた戦友たちの絆はうらやましいほどに深く、それを描くエーリヒ・マリア・レマルク（Erich Maria Remarque、一八九八―一九七〇）の筆はときにユーモアも交えてどこか楽しげでさえある。戦友たちは力を合わせ、教師として赴任した村の村長たちを酒量で圧倒して一定の尊敬を勝ち取り、闇買いした食料を憲兵に取り上げられそうな窮地を脱し、アルベルトの裁判では帰還兵への不当な待遇への怒りを交えた熱い弁護に打って出る。終盤、早くも台頭した戦争受益者らの音頭取りによって、少年たちが模擬戦の練習を喜々としておこなうという、暗然たる未来を象徴するシーンが描かれる（実際にナチスが政権をとり、レマルクの作品が禁書になるのはわずか二年後である）。エルンストは「戦争が」「めちゃくちゃにしてしまつた」から、「完全な幸福」や「安住の地」をもつことを諦めた。それでも、「自分の持場を探」して、「生きとし生けるもののすべて」がもつ「本分」に従って、「何事も厭わないで」、「手を動か」し「頭を使」い、「勿体ぶるのは止して、時々とまりたくなつてもなお前進を続けよう」と前を向くところで小説は終わる。

　レマルクの小説が大好きな筆者が付ける評点は甘いのかもしれないが、「還りゆく道」は予想をはるかに超えた名作だった。復刊ないし新訳によって、『西部戦線異状なし』に感動した方にこの本を手に取って読んでいただける日がくることを望む。

注

（1）アーサー・ケスラー「真昼の暗黒」（岡本成蹊訳）を併収。

第4章

フランスの文学

ピエール・ド・マリヴォー「成上り百姓」

佐藤文樹訳（「世界文学全集 第二期・古典篇」第二十巻）、河出書房、一九五五年

十八世紀フランスの劇作家ピエール・ド・マリヴォー（Pierre de Marivaux、一六八八―一七六三）は、女性を主人公に、その恋愛心理を精緻に描いた一連の喜劇で知られる。前世紀のモリエールが恋人同士が直面する障害とその解消をしばしば主題にしたのに対して、マリヴォーは主に誠実な愛情の芽生えと深化を、洗練された優雅な文体で描いた。彼には物語作家としてのもう一つの顔があるが、二つある大作はいずれも未完に終わっている。佐藤文樹訳で岩波文庫が全四巻で出している『マリヤンヌの生涯』（岩波書店、一九五七―五九年。原著一七三一―四一年）は、女性を主人公にした作者お得意の作品で、けなげに生きる主人公が読者の涙を誘う。一方で本作は、訳者が副題に「色好み」を付したように、弱冠二十歳の「色好み」の貧しい小作人の息子ジャコブが主人公。その端正な顔立ちを唯一の武器にパリに出て、召使として雇われたのを手始めに、偶然出くわした金持ちの「オールドミス」と結婚して富を手にする。その後上流階級の夫人からもモーションを受け、さらに大臣の息子の伯爵を助けたことが縁で貴族たちとの交流が始まるまでが語られる。悪人では

ないが常に計算高く振る舞うジャコブの視点から、登場する様々な階級の女性の心理を冷静に分析するところが、まさしくマリヴォーの面目躍如である。『マリヤンヌの生涯』をわざわざ中断して書き始めて、一七三四年から三五年に刊行されたこの作品だが、第五部までで未完になっていて、予告されていた徴税請負人に出世するところまでは書かれていない。訳者によれば海外の流布本には完結篇の第八部まで入っているものがあるそうだが、第六部から先は他人の手による偽作とのことだ。

心理描写に加えて筆がさえているのは、巧みに描き分けた人物描写だろう。ジャコブがアベール姉妹の妹のほう（五十歳）と結婚したので、これまで姉妹の家で歓待されてうまい汁を吸っていたドゥーサン司祭は、その立場を保守するために神の名を持ち出してジャコブの排除を試みる。姉妹の姉は頭の固い信心家なので司祭に同調する。宗教家の偽善と信心家の単細胞ぶりを痛烈に皮肉り、彼らが頭の回転の速いジャコブに逆にやり込められる場面は痛快である。そのほかの登場人物では、下宿先の女将ダランのキャラクターが秀逸だ。のちのディケンズの登場人物を先取りしたかのような、底抜けにおしゃべりで、能天気で、浅はかな、現実世界で決して関わりたくない人物像には辟易させられる。

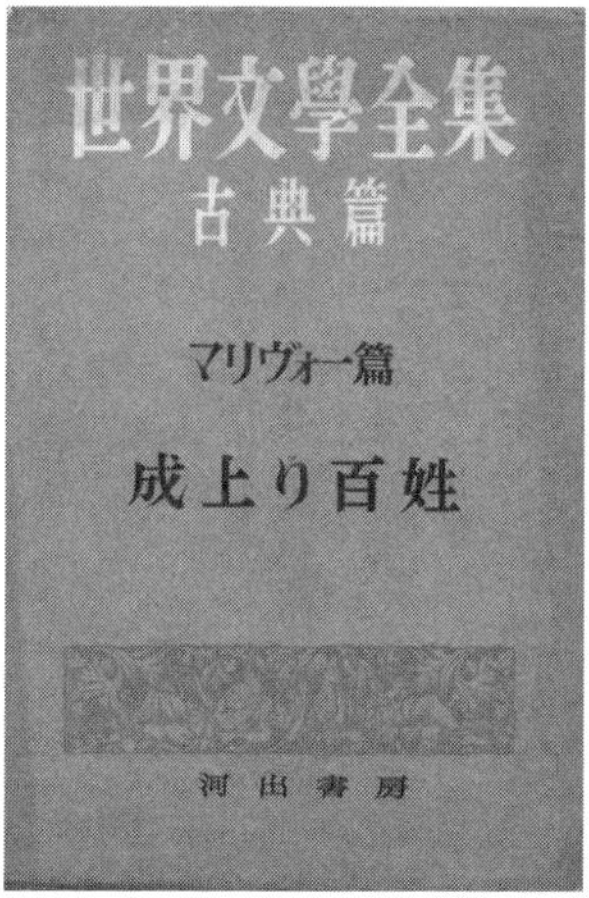

ピエール・ド・マリヴォー『マリヴォー篇 成上り百姓』

本訳書は、初め一九四八年に『色好み／成上り百姓』(佐藤文樹訳)の題で、第三部までを収めた上巻だけが八雲書店から刊行された。しかし下巻は出なかったので、この「世界文学全集 第二期・古典篇」が唯一の完訳である。巻末には訳者による解説、「マリヴォー小伝」に加えて、「無名氏の手になる『成上り百姓』第六・七・八部の梗概」が付されていて、未完の本作が後世の補筆でどのようにして完結されたのかをうかがい知ることができる(訳者は結末がマリヴォーの意図とは異なるとしているが)。

河出書房が一九四八年から五六年にかけて刊行した「世界文学全集」は、「第一期・十九世紀篇」(全四十巻)、「第二期・古典篇」(全二十七巻)、「第三期・十九世紀続篇」(全二十巻)の総計八十七巻である(ただし欠巻が第二期に四巻、第三期に一巻ある)。刊行時には全体の構成が決まっておらず、刊行しながら内容や全巻の巻数を決めていく自転車操業で、前の期が終わる前から同時進行で次の期の刊行を開始するなど、当時のドタバタな出版状況については前掲の矢口『世界文学全集』や田坂『文学全集の黄金時代』に詳しい。ただし、まだ紙質も悪いなかで企画された戦後初の全集で、これだけの規模のものを刊行したことは率直に偉業と思う。ギ・ド・モーパッサン「女の一生」やゲーテ「若きヴェルテルの悩み」を所収した巻が四八年当時ベストセラーになったという事実を知ると、世界文学全集が社会の需要に合った貢献度大の出版だったことに隔世の感を禁じえない。内容的にはオーソドックスで、文庫で読めない作品はあまり多くはなく、本作以外だと別項で取り上げたエリオット「フロス河畔の水車場」のほかは、ハンス・ザックス「謝肉祭劇(ひどい煙、馬鹿の治療)」「悪魔を呼び出す遊歴書生」(国松孝二訳、ハンス・グリンメルスハウゼン/ハンス・ザックスほか『中世物語篇 トリスタン・イズー物語・狐物語・阿呆物語・謝肉祭劇・いたずら先生一代記』所収、佐藤輝夫／水谷謙三／上村清延／国松孝二／手塚富雄訳、第二期第四巻、一九五一年）、ゴットホルト・エフライム・レッシングの戯曲（「ユダヤ人」小宮曠三訳、「フィロータス」高橋義孝訳、『レッシング篇 ミンナ フォン バルンヘルム・エミリア ガロッティ・ユダヤ人・賢人ナータン・フィロータス』井上正蔵／野島正城／小宮曠三／浅井真男／高橋義孝訳、第二期第二十四巻、一九五二年）、『ロシア古典篇 原初年代記・イーゴリ軍記・不幸物語・聖地巡礼記・旅行記・旅団長・あわれなリーザ・他』（除村吉太郎／木村彰一／神西清／金子幸彦／米川正夫訳、第二期第二十七巻、一九五四年）に所収された諸作品（ニコライ・カラムジン「あわれなリーザ」〔除村吉太郎訳〕やアレクサンドル・ラヂーシチェフ「ペテルブルクからモスクワへの旅」〔金子幸彦抄訳〕など）がある程度と思われる。

アルフレッド・ド・ヴィニー「サン＝マール」

①松下和則訳、ヴィニー／ミュッセ『ヴィニー サン＝マール／ミュッセ フレデリックとベルヌレット ほくろ 白つぐみ物語 他』所収、松下和則／朝比奈誼訳（「世界文学全集」第十八巻）、筑摩書房、一九六七年／②松下和則訳、『ヴィニー／ミュッセ集』所収、松下和則／朝比奈誼訳（「世界文学全集」第十八巻）、筑摩書房、一九七〇年

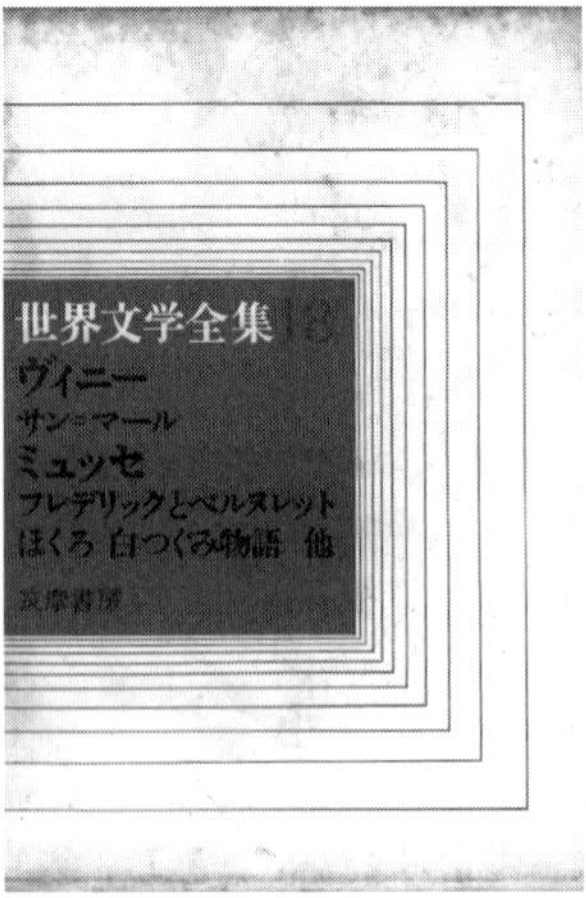

ヴィニー／ミュッセ『ヴィニー サン＝マール／ミュッセ フレデリックとベルヌレット ほくろ 白つぐみ物語 他』

『サン＝マール』には貴族階級の苦悩が表現され、小説『ステロ』には、悲惨な運命をたどった三人の「詩人」の苦悩が、『軍隊の服従と偉大』には軍人の苦悩が描かれる」（辻昶「ロマン派の小説」、第十八巻「月報」、以下、同）。アルフレッド・ド・ヴィニー（Alfred de Vigny、一七九七―一八六三）の詩作品と同様に、散文作品の基調をなしているのも「一種の幻滅や苦悩」である。ただ「個性や詩的な感情を尊重した主観的な」スタイルで書かれ、写実主義的手法によらない小説への評価は芳しくないようだ。三作ともに翻訳こそあるが、忘れられて久しい[1]。

『サン＝マール』（一八二六年）の舞台は、一六三九年、フランス国王ルイ十三世の治世である。宰相のリシュリュー枢機卿の主導によって、反発する貴族階級の力をそいで絶対王政を完成させる中央集権化政策が進展していた。地方貴族サン＝マール侯爵アンリ・デフィアは、マントヴァ公女マリ・ド・ゴンザーグと恋仲になるが、身分違いで結婚できる見込みはない。マリとの結婚にふさわしい地位を得るために、王に取り入って出世しようと野心を燃やすサン＝マールは、王の優柔不断に付け込んで権力を私物化しているリシュリューとの対立を深める。二年後、主馬頭に出世したサン＝マールは、王弟ガストンや王妃アンヌ・ドートリッシュを味方につけ、敵国スペインと同盟して内乱を起こすことでリシュリュー失脚を企てる。しかし、情報が漏れて作戦は失敗に終わり、親友ド・トゥとともに処刑される。サン＝マールからの連絡がないので、マリは彼の心変わりを疑って嘆いていたが、刑死の知らせを受けて卒倒する。

実在の事件に取材したドラマチックな歴史小説だが、いくつか気になるところがあった。まず、反乱に加わる者たちがマリオン・ド・ロルムのサロンに一堂に会したそのときに、ピエール・コルネイユ、ジョン・ミルトン、モリエール、ルネ・デカルトがそろって訪れているシーンがあるが、いくら何でも同時代の有名文人勢ぞろいは「盛りすぎ」ではないかと思う。次に、反乱の動機が身分違いの恋をかなえるためという個人的な事情にあるというのもいかがなものか。いくらロマン主義とはそういうものだとしても、高潔なド・トゥをはじめ多くの協力者を道連れにするだけに、いかにも無理を感じる。またヴィニーの文章自体が、あたかも戯曲のように劇的な場面での登場人物の描写に注力してある一方で、それを補う事態の展開に関する説明が不十分でわかりにくいところがあるように思う。[2] とはいえ、若造が掲げた理想主義はいくら立派でも、秘密が筒抜けになるなど厳しさを欠いていては挫折するのは当然である。あたかも詰め将棋のように計算された手を着実に打つリシュリューの憎々しいまでの悪人ぶりは、もちろん大いに誇張されているだろうが、さすがの老獪な魅力が満喫でき、個人的にはそこがいちばん印象に残るものだった。

注

（1）ほかの二作には岩波文庫がある（ヴィニー『ステロ』平岡昇訳、岩波書店、一九五二年、同『軍隊の服従と偉大』三木治訳、岩波書店、一九五三年、一九九〇年復刊）。前者は半世紀以上重版されていない。

（2）小説の詳細な筋や背景にある歴史的事実、人物相関関係などを知るには、「サン＝マール」（「SYUGO.COM 4th Edition+ 10番館 世界文学データベース」〔https://www.syugo.com/4th/messidor/95/sakuhin.php?sakka=vigny&sakuhin=cinq-mars〕［二〇二四年一月十七日アクセス］）が役立つ。本章でも参考にしたことを、謝して明記する。

オノレ・ド・バルザック「あら皮」

①中山真彦訳、『バルザック　あら皮／ゴリオ爺さん』中山真彦／水野亮訳（「世界文学全集」第十七巻）、筑摩書房、一九六七年／②中山真彦訳、『バルザック集』中山真彦／水野亮訳（「世界文学全集」第十七巻）、筑摩書房、一九七〇年／③「
皮」山内義雄／鈴木健郎訳、（オノレ・ド・）バルザ

ック／（ギュスターヴ・）フローベール／（ギ・ド・）モオパッサン／エミール・ゾラ『驢皮／アディユ／追放者／素朴な者／二人の友／水車小屋の攻撃』所収、山内義雄／鈴木健郎／新庄嘉章／河盛好蔵／豊島与志雄／岸田國士／権守操一訳（「新世界文学全集」第十二巻）、河出書房、一九四〇年

D　もしもし、おじいちゃん？　困ったことになったんだよ。会社のお金が入ったカバンを落としてしまったんだ。今日中にお金を取引先に渡さないと、大変なことになる。なんとかならないかな？

K　はあ？　いまどきそんな教科書に書いてあるような詐欺に引っかかる年寄りがどこにいるもんか、ばかばかしい。コラッ、警察に通報するぞ。

D　失礼、ご主人ご在宅でしたか。相変わらず平日の昼間っからご在宅とは、いいご身分で。アンドレ・ジッドみたいな金利生活者でいらっしゃいますかい？

バルザック『バルザック　あら皮／ゴリオ爺さん』

K　以前もどこかで聞いたような文句だな。あいにくオノレ・ド・バルザック（Honoré de Balzac、一七九九―一八五〇）のように、ろくに眠りもしないでコーヒー飲みまくって仕事していますよ。電話切るぞ、仕事のじゃまだじゃまだ。

D　おや、バルザックときなすった。こりゃ間違いない。ご主人、覚えてませんか？　二十年以上前に消火器と黒電話の交換にお宅を訪問して、一緒にバルザックの『シューアン党』（一八二七年）の話をして盛り上がったセールスマンを。(1)

K　そういやあそんなことあったな。あんた相変わらずやばい仕事してんだね。せっかくだけど、もう年も年だし、置き場もないから、本はいらないから。

D　文学全集とかは場所をとりますからね。でも耳寄りの話がありまっせ。ご主人の好きなバルザック、『あら皮』（一八三一年）、『セザール・ビロトー』（一八三七年）、『幻滅』（一八四三年）や『浮かれ女盛衰記（娼婦の栄光と悲惨）』（一八四七年）などまだ文庫になってない作品を新たに文庫本にして売ろうというクラウドファンディングが立ち上がってますから、これなら収納場所を気にせず買えますぜ。

K　その話、マジっすか？　おお、バルザックの出世作『あら皮』がついに文庫化される日がくるとは。ううう（涙）。待つこと半世紀、長生きはするもんじゃ、ナンマンダブ、ナンマンダブ。

D　『あら皮』ってそんなにすごい作品なんですかい？

K　ほらそうよ。『シューアン党』と『結婚の生理学』（一八二九年）で作家として出発したバルザックは、三十二歳にして書いたこの大ヒット作で作家としての不動の地位を固めたんや。晩年のゲーテもこの作品の「幻想と写実の巧みな総合」を賞賛し、「まさに没せんとする太陽ゲーテが、これから輝きだそうとする新しい星バルザックに挨拶をおくった」（水野亮による①「世界文学全集」の「解説・年譜」）そうだ。

D　で、どんなお話で？

K　没落貴族のラファエルは、最後の金貨も賭博ですって無一文になり、自殺を考えていたとき、不思議な骨董屋の老人から一片のあら皮をもらった。何でも願いをかなえてくれるが、そのたびに皮は縮み、それは持ち主の残りの人生が縮むことを意味するという。半信半疑だったが、ラファエルの願いは、豪華な晩餐、骨董商の老人の色恋、莫大な遺産と、次々に実現し、そのたびにあら皮は縮んでいった。唯一皮が縮まなかったのは、下宿の娘ポーリーヌに愛されたいと願ったときで、これはそもそもポーリーヌがラファエルを愛していたからだった。パリでいちばんの金持ちになり、やはり金持ちになっていたポーリーヌと結婚するなど幸せの絶頂を迎えるが、あら皮は急速に縮み始める。いまでは生に執着しているラファエルは、科学者たちを集めて対応を検討させるものの、結局一年後には寿命が尽き、妻のポーリーヌに抱かれてグロテスクな死を遂げる。

D　『アラビアン・ナイト』にでもありそうな話ですね。着想が面白い！

K　まさしく。ただ開始後いきなり作者による賭博や自殺についての哲学的考察が続いたり、いろいろな分野の学者が皮の正体をめぐって詮索したりするなど、若いバルザックが勢いに任せて蘊蓄披露に走った感があるのが惜しい気がするけどな。(2)

D　なるほど。ところでクラウドファンディングですが、一口が五万円で、二口以上協力していただいた方には、今後刊行されるバルザックの文庫がすべてお手元に届くことになっております。幸い私のほうで集金の代理もしております。目標額が集まりますと締め切りになりますし、本は一般書店では売りませんから。どうかお早めに。

K　十万だな。支援金としても高い気がするなあ。そんな大金手元にないよ。
D　レターパックに現金を入れて送ってください。宛先の住所は……。
K　レターパック！　レターパックで現金を送れは詐欺！　近所の交番に書いて貼ってあるわ。危ない危ない、騙されるところだった。電話切るで、もうかけてこんでや。

注
（1）前掲『絶版文庫四重奏』一四八―一五一ページ参照。
（2）粟津則雄は①筑摩書房版「世界文学全集」の「月報」所収の「『あら皮』をめぐって」で、こうした回りくどい導入部を読者に自殺の観念を浸透させるための手法として評価しているが。

オノレ・ド・バルザック「幻滅」

①『幻滅Ⅰ』生島遼一訳（「世界文学全集 グリーン版」第四巻）、河出書房新社、一九六一年、生島遼一訳、『幻滅Ⅱ ウジェニー・グランデ』生島遼一／水野亮訳（「世界文学全集 グリーン版」第五

巻）、河出書房新社、一九六一年／②『幻滅Ⅰ』生島遼一訳（「河出世界文学大系」第二十一巻）、河出書房新社、一九八〇年、生島遼一訳、『幻滅Ⅱ　ウジェニー・グランデ』生島遼一／水野亮訳（「河出世界文学大系」第二十二巻）、河出書房新社、一九八〇年

南フランスの地方都市アングレーム[1]の印刷屋の息子ダヴィッドは画期的新技術の開発を目指している。親友で詩人肌のリュシアンは土地の貴族のパルジュトン夫人（ルイーズ）に文才を認められ愛されるが、悪い噂が立ったことがきっかけでパリに逃れる。出自のことで社交界から冷笑され疎外されたリュシアンは、ダルテスら文学を志すグループに加わるが、やがてジャーナリズムの世界で成功する野心を抱き、ルストーの導きで自由主義派の記者として成功すると、女優コラリとの派手な生活で金を蕩尽する。その後は金と出世に目がくらんで変節し、王党派に鞍替えしたことで多くの友人を失う。やがて決闘で負傷するなど運命が暗転して生活に困窮し、ダヴィッド名義の偽造手形を発行するまでになる。尾羽打ち枯らして故郷に戻ると、ダヴィッドが同業者のあくどい罠にかかって債務不履行で逮捕され、せっかくの新技術を奪われようとしていた。その原因が自らの振り出した偽造手形にあることを知り自殺を決意してさまよっていたリュシアンだったが、怪しげなスペイン僧カルロスと出会い、親友救済のための金と引き換えに魂を売り渡す。だが、リュシアンからの送金は間に合わず、研究成果も事業も失ったダヴィッドは父の遺産で隠遁生活に入る。

すでに小説群『人間喜劇』の構想を明らかにしていたバルザックなので、再登場する人物たちは小説群を横断してドラマを繰り広げる。そのため例えば初期の『ウジェニー・グランデ』（一八三

三年）などと比較すると、一つの作品を読んだだけでは一貫した構成力の弱さが気になる。半面、一連の作品を読み重ねていけば、周到かつ緻密に張り巡らされた人間関係が展開する、奥行きがある小説世界の魅力にどっぷりと浸ることができるだろう。本作（一八四三年）は全三部からなるこの作家最長の作品だが、それでもストーリーは完結しない。第三部になってやっと出てくる僧カルロスとは『谷間の百合』（一八三六年）でも登場した脱獄囚ヴォートラン（本名コラン）のことで、彼の傀儡になって悪事に巻き込まれるその後のリュシアンの運命は、同じくらい長大な続篇『浮かれ女盛衰記（娼婦の栄光と悲惨）』へと持ち越されることになる。

本書では文庫になっていない作品を紹介しているが、実は『幻滅』は野崎歓による抄訳が、野崎歓編、博多かおる編集協力『バルザック』（博多かおる／野崎歓／田中未来訳〔集英社文庫ヘリテージシリーズ、大宮勘一郎／鴻巣友季子／桜庭一樹／柴田元幸／辻原登／沼野充義／野崎歓／野谷文昭編「ポケットマスターピース」第三巻〕、集英社、二〇一五年）に所収されている。[2] わずか六十ページほどで、リュシアンと僧カルロスの出会いの第三部の一場面だけだが、同じく第四部だけの抜粋所収の『浮かれ女盛衰記』（田中未来訳）とあわせて、『ゴリオ爺さん』（一八三五年）以後のヴォートランの暗躍をダイジェストで知ることができる。なにぶん長大な作品なので、この時点での全訳の文庫化は難しかったことは理解できなくもないが、二〇二三年に『幻滅』第一部と第二部を原作にした映画が公開されたときは、疑いなく文庫化してこの大作を世に再度送り出す絶好の機会だった。何の動きもなかったことは無念でならない。[3]

注

(1) 私事で恐縮だが、ロマネスク様式の大聖堂が見たくて二〇一三年にポワティエからボルドーへ向かう途中でアングレームを訪れた。一人で海外を旅するときにいちばん困るのが荷物である。腰痛持ちなのでバックパックは無理なため大型スーツケースを転がしているのだが、アングレームに泊まるわけではないので、駅から二キロ近く離れた旧市街を見学しようとすると、どこかに預けなければならない。ところがヨーロッパの大半の国では、日本のように主な街の鉄道駅やバスターミナルに大型のコインロッカーがあるわけではないのだ。幸い駅近くのホテルが二ユーロで預かってくれたが、これはたいへんにありがたかった。ただその後イスラム過激派のテロなどもあって、特に私のような不精髭が怪しげな東洋人の荷物は預かってもらえなくなりつつあるようだ。一七年の夏の南イタリア・テルモリではついにどこにも預けられず、トレミティ諸島行きの船を待つ間、港の倉庫の物陰に盗難防止のダイヤルチェーンで荷物を固定して街を見物にいくしかなかった。

(2) 野崎歓・青木真紀子による全訳は二〇〇〇年に刊行されていて(バルザック『幻滅――メディア戦記』上・下〔鹿島茂/山田登世子/大矢タカヤス責任編集「バルザック「人間喜劇」セレクション」第四巻、第五巻〕、藤原書店)、集英社の文庫はその翻訳からの抜粋と考えられる。

(3) 映画『幻滅』の監督はグザヴィエ・ジャノリ、出演はバンジャマン・ヴォワザン(リュシアン)、セシル・ド・フランス(ルイーズ)、サロメ・ドゥワルス(コラリ)ほか。なお、映画ではヴァンサン・ラコスト演じるルストーの役割が拡大・強調されている一方で、グザヴィエ・ドラン演じるナタンが小説中のダルテスの役割も兼ねている。

ヴィクトル゠マリー・ユゴー「氷島奇談」

島田尚一訳、ユゴー／デュマ『ユゴー 氷島奇談／デュマ 黒いチューリップ』所収、島田尚一／松下和則訳（「世界の文学」第七巻）、中央公論社、一九六四年

フランス・ロマン主義の巨峰ヴィクトル゠マリー・ユゴー（Victor-Marie Hugo、一八〇二―八五）と言えば、その業績中で研究者がそろって高く評価しているのは詩なのだが、翻訳を通すとすごさが伝わらないためか、わが国ではもっぱら晩年の大作『レ・ミゼラブル』（一八六二年）の作者として誰もが知る存在になっている。本作はユゴー最初の長篇小説（一八二一年執筆、二三年出版）で、当時フランス語訳が紹介されて爆発的な人気を博したウォルター・スコットの作品に触発されて書かれた歴史物語である。二十歳前後の若者らしい一本気な情熱にあふれ、後年の作品にも通じるテンポのいい劇的展開が魅力の佳作と言えるだろう(1)。

この作品は十七世紀末、当時デンマーク領だったノルウェーを舞台に展開した宮廷の陰謀事件に取材したもの。陥れられて捕らわれの身になっている元大法官シュマッケル伯爵の娘エテルと、彼女に純愛を捧げ、伯爵の身の証しを立てる証拠を入手しようとするノルウェー総督の息子オルデネ

ルの、艱難辛苦を乗り越えて貫かれる愛情を主題にした物語である。しかし原題が『アイスランドのハン』とあるように、陰の主役は極寒の地アイスランド生まれの桁外れに凶暴な獣人ハンである。白熊を従えて洞窟に住み、楽しみとして殺戮を繰り返し、どくろで人間の血を飲むなど、そのおぞましさには常識の尺度は通用しない。ハンの悪名を利用して陰謀を企てた現大法官グーレフェルド伯爵の一味も、ハンが握っていると考えられる文書を狙うオルデネルも、ともにその底なしのパワーの前に翻弄されるしかないのである。それ以外にも死刑執行人や死体安置所の番人などが主要な脇役として登場する。訳者が「解説」で指摘しているように、シャルル・ノディエの恐怖・怪奇小説の影響を受けた、初期ユゴー特有のグロテスクへの嗜好や怪奇趣味が本作の持ち味になっている。

設定に突拍子もないところがあるとはいえ、エキサイティングで勧善懲悪のスッキリした読後感の小説である。それにもかかわらず、これまで文庫に所収されることもなく、知る人ぞ知る作品だった(2)。アイスランドは近世でさえもカニバリズムが存在した野蛮な土地だと、全くの偏見が書かれているわけだから、出版社が忖度をはたらかせて、売れ筋であっても単行本化や後発の文学全集への所収、あるいは文庫化を自主規制してきたのかもしれない。もしそうならば残念な話である。

注

(1) 本作品所収の中央公論社版「世界の文学」は、アレクサンドル・デュマ「黒いチューリップ」(松下和則訳)を併収。

（2）ほかには小潟昭夫訳（ヴィクトル・ユゴー「アイスランドのハン」『アイスランドのハン／ビュグ＝ジャルガル』小潟昭夫／辻昶／野内良三訳〔「ヴィクトル・ユゴー文学館」第七巻〕、潮出版社、二〇〇〇年）もあるが一部をカットしている。

ウージェーヌ・シュー『パリの秘密』

全四巻、江口清訳（「集英社コンパクト・ブックス 世界の名作」別巻第二巻）、集英社、一九七一年

一八四二年から四三年に新聞に連載されて爆発的な人気を博した有名な大衆小説。犯罪者集団や極貧の家族など社会の底辺に生きる人々を活写する社会主義的な小説でもあり、ユゴーやフョードル・ドストエフスキーにも影響を与えたとされる。本作や『さまよえるユダヤ人』[1]（一八四四年）の成功は、五〇年にウージェーヌ・シュー（Eugène Sue、一八〇四―五七）を人民の代弁者として立法議会議員に押し上げるまでに至ったが、五二年のナポレオン三世のクーデターに抵抗して引退した。

十九世紀初め、パリのスラム街がある中の島で物語は始まる。前科者〝お突き〟に乱暴される、

かれんな娘マリを助けに現れたのは、作業服こそ着込んではいるが、実はドイツのある公国の大公殿下であるロドルフだった。助けた娘が、死んだと思っていたわが子だとは気づくはずもない。誘拐を企む脱獄者〝校長〟やその女房〝みみずく婆〟の手からマリを救おうと奔走するロドルフを、忠僕マーフと改悛した〝お突き〟が身をていして助ける。

　いったんはロドルフの計らいによって中の島から抜け出すことができ、農場で静かな日々を過ごしていたマリだったが、またもや〝みみずく婆〟らの手に落ちて行方知れずになってしまう。一方、タンプル街のモレル一家には不幸が相次ぐ。ロドルフは、その元凶が偽善者の公証人ジャック・フェランであることを知り、証拠をつかもうと動きだす。そんなロドルフにひそかに愛情を寄せる、若く美しいダルヴィール侯爵夫人クレマンス。彼女はてんかん持ちの夫を厭う気持ちを慈善事業で紛らそうとしていたが、それを知った侯爵は不慮の事故に見せかけた自殺を図る。

ウージェーヌ・シュー『パリの秘密（1）』

　マリは公証人フェランの陰謀で、川泥棒一家の次男ニコラらの手によって川に落とされ溺死しかける。そこに一家の長男マルシアルの情婦〝おおかみ〟が偶然現れ、川に飛び込んでマリを救う。マルシアルは弟ニコラらと仲間割れしていたのだ。フェランは、ロドルフが送り込んだ美貌の「混血女」セシリの巧みな挑発に乗り、情欲のとりこになって罪の証拠を渡してしまい、それが原因で狂死する。

ロドルフは、マリが死んだと思っていたわが娘だったと知り歓喜する。〝校長〟〝みみずく婆〟ら悪人たちはみんな滅び、タンプル街の住人は幸福な毎日を送るようになるが、〝お突き〟だけはニコラ率いる悪人の残党に襲われたロドルフの身代わりになって殺されてしまう。ロドルフは帰国してクレマンスと結婚し、マリと三人での幸せな生活を始める。マリは公女になってからもみんなに慕われ愛されたが、尊敬されればされるほど過去の卑しい生活を思って気がふさいでいき、ついに修道女になる決心をする。

長くなったが、以上の記述はカバー袖にある各巻の粗筋をもとにしたものである。何しろ長大な小説なので、これ以外にも、例えば家名に泥を塗る借金や窃盗をおこなった息子の子爵に悲嘆するサン・レミ老伯爵や、フェランの陰謀で絶望的極貧に突き落とされたクレール母子など登場人物は多く、それらが複雑に交錯し、脇筋は多彩である。

「本の雑誌」創刊者の目黒考二は、「目黒考二の何もない日々」の二〇一七年八月十五日の投稿で、この集英社版の全訳を読んだ際の感想を寄せている。(2) 彼は先に本作を関根秀雄訳（ユージェーヌ・シュー『パリの秘密』〔「世界大ロマン全集」第十五巻〕、東京創元社、一九五七年）で読んでいたが、この「原著の七分の一ほどの抄訳」では、ユゴーの『レ・ミゼラブル』に見られるような壮大なスケールを味わうことができなかった。そこで、ストーリー以外に、歴史にまつわるノンフィクションの様々な蘊蓄話を挿入することで当時のパリの全体像を浮き彫りにする記述を期待して、この本を読み始めたそうである。

「この先が書きにくい。ウジューヌ・シュー『パリの秘密』の完訳をこの夏読んだことをけっして後悔はしていない。十九世紀の小説は、特に通俗小説は、独特の雰囲気を持つので面白いのだ。台詞が多いし、テンポはゆっくりだし、昔の大衆小説はやっぱり好きだ。『レ・ミゼラブル』を読んだときの発見は、残念ながらなかったが、しかし長年の宿題を終えることが出来たし、それだけでいいとしよう。ただいまは、自分にそう言い聞かせているのである」

この感想からは完訳版に対する目黒の微妙な評価が読み取れるが、確かにこの小説は長い(3)。ただ関根訳では紙幅の関係で省略がなされ、劇的なシーンばかりが集められていて、どうしても登場人物の来歴や行く末が丁寧に語られていない恨みがある。本当はその中間ぐらいの抄訳ないし縮訳版があるといちばんいいのだが。

注

(1) ウージェーヌ・シュー『さまよえるユダヤ人』上・下、小林竜雄訳(角川文庫)、角川書店、一九五一―五二年、一九八九年リバイバル復刊

(2) 目黒考二「目黒考二の何もない日々」「WEB本の雑誌」二〇一七年八月十五日(https://www.webdoku.jp/column/meguro_n/2017/08/15/092336.html)［二〇二四年三月九日アクセス］

(3) 目黒考二も引用しているが、「全訳とは言えぬまでも一応原著に従って最後まで訳し終えたのは、本訳書をもって嚆矢とする」(「解説」)とあるから、江口清訳も真の意味での完訳ではないようだ。

現在は幻戯書房のルリユール叢書の刊行予定書目に、全五巻で『パリの秘密』が挙がっているが、これが刊行されれば、江口訳にどの程度の省略があるか明らかになると思われる。なお、紙媒体で江口訳を入手するのは今日ではかなり難しくなっているが、グーテンベルク21から電子書籍版が出ていて、「Amazon」でも廉価で購入できるから、仮に新訳が出てもどれくらい需要があるのかやや心配なところである。

エミール・ゾラ「クロードの告白」

①『ナナ／クロードの告白』山田稔訳（「世界文学全集 カラー版」第十六巻）、河出書房新社、一九六七年／②山田稔訳、『居酒屋／クロードの告白』黒田憲治／山田稔訳（「世界文学全集 豪華版」第二集第七巻）、河出書房新社、一九六七年

名品『テレーズ・ラカン』（一八六七年）よりもさらにさかのぼること二年、エミール・ゾラ（Émile Zola、一八四〇―一九〇二）二十五歳のときに書かれた自伝的要素を含んだ作品（一八六五年）。後年の小説群「ルーゴン・マッカール叢書」に見られる露悪的な写実主義・自然主義的傾向はまだ

なく、アルフレッド・ド・ミュッセ風のロマン主義文学から強く影響を受けている。

二十歳のクロードが故郷プロヴァンスの友人に書き送る手紙という形式をとる。彼は希望を抱いてパリに出たが、何もないアパートの屋根裏部屋でただ勉強するだけの灰色の日々を過ごしている。そこへ転がり込んだのが商売女のローランス。行き場がない彼女と同棲することになるものの、生活できる当てはなく、古本や衣類を売って食費と暖房代に充て（このあたりはジャコモ・プッチーニの歌劇『ラ・ボエーム』〔一八九六年初演〕の舞台さながらである）、とうとうズボンさえも売り払ったので、終日毛布にくるまって過ごすという極貧生活に陥る。醜く不潔なローランスを当初は疎んじていたクロードだったが、次第に彼女を愛しはじめる。しかし、ローランスのほうは冷淡である。やがて旧友のジャックがローランスと密会しているのではと疑って、クロードは激しい嫉妬に苦しむ。ジャックと同棲しているマリはクロードを哀れみ、二人は心を通わせるが、それもつかの間、死病に侵されていたマリは亡くなる。傷心のクロードは故郷へ戻る決心を固めるのだった。

春の野に出て狂喜する野性的な側面もあるが、二十四、五年の人生の多くを娼婦として生きてきたローランスは「光の消えた眼」をし、知性が完全に眠っている。朗らかで無邪気でおとなしいマリは十五歳だが、一年前に身売りされて安ホテルを転々とした過去をもつ。「妻が、神の手を離れたままの状態でやってくることをのぞんで」いて「純白で、清純そのもの」の女性を理想視するクロードの甘ったれた青くさい純潔趣味など、パリのどん底で修羅場を生きてきた彼女たちの前では軽蔑すべき児戯にすぎず、理解を得られない。そしてとどめは実際的なジャックからの、友情に基づくシビアな忠告。「愛なしに恋をするすべての人間によって苦しめられている」「大きな子供」扱いされ、「未来に背を向け」た「落伍者」と言われ、ヒモに成り下がった男だから多くの友人に見放されたとまで徹底的に侮辱されてしまう。それでも、すべて真実だから言い返すこともできず、クロードは惨めに退くしかない。どこまでがゾラ自身の実体験によるかはともかく、これは相当に自虐的な小説である。(1)

①「世界文学全集 カラー版」では山田稔訳の「ナナ」、②「世界文学全集 豪華版」では黒田憲治訳の「居酒屋」のあとに収める形で刊行された。同一の出版社から同年に、二種の世界文学全集に所収されたことになるが、これ以外にも重複して出た作品は多く、あえて豪華版とカラー版の両方を同時期に出版した河出書房新社の意図がよくわからないところである。

注

（1）②「世界文学全集 豪華版」の「解説」で訳者は、嫉妬に駆られて密会現場を押さえようと見張りをする場面で、クロードが「自虐的な快感」を覚えていると述べている。専門家の間ではマゾヒズムはエミール・ゾラを語るうえでのキーワードなのかもしれない。

エミール・ゾラ「生きるよろこび」

河内清訳、『ゾラ 居酒屋／生きるよろこび／実験小説論』田辺貞之助／河内清訳（「世界文学大系」第四十一巻）、筑摩書房、一九五九年

A いやー、いやいやいや、久しぶり。ビール、うまいっ。ところで前に三人で飲んだのはいつだったかなも。昔すぎて覚えてにゃあぎゃあ。あ、お姉さん、ピリ辛手羽先と、つくねと、それから串カツ盛り合わせ二つね。

ゾラ『ゾラ 居酒屋／生きるよろこび／実験小説論』

B あれは名古屋だったな。たしか知らんうちにAのやつに味噌カツもギョーザもみんな食われてしまったんだ。

K 二〇〇一年のことだから、四半世紀近く昔だ。おれらも年を取ったもんだ[1]。

B あのときもAのやつが脂っこいものばかり頼んだから、箸休めにグリーンサラダとかじゃ

こおろしを頼めや、このボケ、とか言い争いしたんだったな。

K　そうそう、そこからゾラの「休養と慰安」の小説の話になって、当時はほかに読む方法がなかった絶版文庫のゾラ『禁断の愛』（山口年臣訳〔角川文庫〕、角川書店、一九五九年）を一万円で買った話になった。[2]

A　おみゃーさんが話をそっちにもってってったんだぎゃ。ところで、当時はってことは、あのあとその本は復刊したのきゃあ？

K　うん。別の人の訳だが藤原書店から「ゾラ・セレクション」の一巻として出た。[3]同じころ論創社からも新訳がいくつか刊行されて、結局「ルーゴン・マッカール叢書」全二十巻が新しい訳で簡単に読めるようになったんだ。[4]画期的なことだぜ。

B　いまならより取り見取りってことか。Kのことだから全部読んだんだろ、お薦めは？　俺は自然主義文学ってのはドロドロで好きじゃないけど。

K　そうさなあ。Bには「ルーゴン・マッカール叢書」第十二巻『生きる歓び』（一八八四年）がいいかも。文庫はないけど、筑摩書房の古いほうの「世界文学大系」に入っている河内清訳が安く手に入る。やはり「休養と慰安」の小説に区分されるんだけど、人のために尽くし、犠牲になる少女の人生がテーマなんだ。主人公のポーリーヌは幼くして両親を亡くし、海辺の村ボンヌヴィルのシャントー家に預けられる。成長してシャントー家の息子ラザールと愛し合うようになって婚約するが、ペシミストの彼は口先だけの優柔不断なダメ男だったんだ。やがて彼は銀行家の娘ルイズに心変わりしてしまって、ポーリーヌはラザールのためを思って婚約を解消する。ポーリーヌが受け取るはずだった親の財産はシャントー家によって食いつぶされ、痛風病みのくせに美食がやめられないシャントー氏の介護のために家から立ち去る自由さえも奪われてしまう。ラザールは相変わらず甘ったれで、結婚したものの妻のルイズとは争いが絶えず、ポーリーヌを失望させる。それでもポーリーヌは「もしもこの家が幸福すぎたら、わたしにどんな仕事がのこるだろう？」と前向きに考え、ルイズが早産で産んだか弱いポールを育てようと決心する。

B ふーん、何だか踏んだり蹴ったりの人生だなあ。どこに生きる喜びがあるんだかな。あれ、Aのやつ、どうした？

A ううう、いたいけなポーリーヌがかわいそうじゃ。あんまりじゃ。悪党一家に何もかもむしり取られて。モーパッサンの『女の一生』よりも気の毒なぐらいじゃ。

K 何も急に泣きださなくても……。こいつも定年まで働き詰めに働いてきてストレスたまってるんだな。Aにこそ休養と慰安が必要だわ。おい、おみゃーさんのためにキュウリとワカメの酢の物とモズクを頼んどいたがね。体にええよー。

注

（1）前掲『絶版文庫四重奏』一四三―一四八ページ参照。

（2）「休養と慰安」の小説とは、強烈でどぎつい作品が多い叢書内で、例外的に端正な穏やかさをたたえた、古典的な抒情美をもった作品を指す。前掲『絶版文庫四重奏』参照。なお本書では取り上げられなかったが、同じく「休養と慰安」の小説の一つで、世界文学全集に所収されたが文庫化されていない作品に、「ルーゴン・マッカール叢書」第十六巻のエミイル・ゾラ「夢」（木村幹訳、『ナナ・夢』宇高伸一／木村幹訳〔「世界文学全集」第十九巻〕、新潮社、一九二九年）がある。

（3）藤原書店から「ゾラ・セレクション」（宮下志朗／小倉孝誠責任編集）の第四巻として、エミール・ゾラ『愛の一ページ』（石井啓子訳、二〇〇三年）が刊行された。

（4）本作も二〇〇六年に論創社から小田光雄訳が『生きる歓び』（エミール・ゾラ、〔「ルーゴン・マッカール叢書」第十二巻〕）のタイトルで出たが、現在はそれも版元品切れになり、古書価格が上がってきている。なお先行訳としては、ゾラ『生の悦び』（中島孤島訳、早稲田大学出版部、一九一四年）、エミール・ゾラ『生の悦び 復刻版』（中島孤島訳〔山下武監修、エミール・ゾラ選集「ルーゴン＝マッカール叢書」セレクション第七巻〕、本の友社、一九九九年）とゾラ『歓楽』（三上於菟吉訳、元泉社、一九二三年）もある。

モーリス・バレス「自我礼拝」

①伊吹武彦訳（「新世界文学全集」第四巻）、河出書房、一九四一年／②伊吹武彦訳（「新集 世界の文学」第二十五巻）、中央公論社、一九七〇年

一八八八年から九一年の出版ながら、二十世紀の文学や思想に多大な影響を与えたモーリス・バレス（Maurice Barrès、一八六二—一九二三）の代表作（一八八八—九一年）で、物語を追うことよりも、そこで開陳される思想に重きが置かれた、やや難解な「観念小説」である。(1)

第一部「蛮族の眼の下」は象徴的・夢幻的な文体で書かれている。とりわけ巻頭の「検討」と題した作者自身による解説が難解で、かえって読者の理解を阻んでいて、なかなかに手ごわい。主人公はイポリット・テーヌの実証主義、エルネスト・ルナンの懐疑主義、さらに自然主義のペシミズムに反抗して、ひたすらに充実させた自我をよりどころにする個人主義を打ち出すが、自我を押しつぶす俗人たち（蛮族＝バルバロイ）との対立に苦しみ、外部世界に適応できないでいる。

バレス『バレス 自我礼拝』

第二部「自由人」では、故郷ロレーヌでの瞑想的生活とイタリア旅行から、土地の過去を読み取り、死者と交歓することで、自我を孤立させずに自由人として外部世界に適応していく、地域的伝統主義の道を見いだす。

最後の第三部「ベレニスの園」が全体では最も物語の体をなしている。ここで初めて主人公にフィリップという名前が与えられる。彼はブーランジェ将軍の一派に加わって選挙に打って出ようとして南フランスのアルルを訪れる。そして、以前パリで出会ったミュージックホールの十歳の踊り子「こゆるぎ」ことベレニスと、カマルグ地方の城塞で囲まれた美しい古都エーグ＝モルトで再会する。ロバやアヒルとともに生きる彼女の庶民的で素朴な姿から学ぶことで、フィリップは地域の枠を超えた民族のつながりに覚醒し、さらにナショナリズムへと考えを広げていく。ベレニスに愛情を感じながらも結婚を躊躇したフィリップは、彼女を「完全無欠にしようと」して、フィリップの恋敵で政敵でもあった実務派の土木技師マルタンと結婚するように勧める。しかしフィリップを愛していたベレニスは、愛なき結婚の不幸からほどなく病死してしまう。フィリップはベレニスから学んだ庶民の本能を基盤として生きようとする。

青くさく偏狭な唯我独尊主義を脱し、地元に根を張り、俗世間に適応し、国家のために大局的な生き方ができるようになるまでの一若者の精神的成長譚である。これが当時人気を博した理由の一つは、特に第二部のベネチアの描写などに見られる、幻惑的とさえ思える詩的な文章の力であるだろうことは、翻訳を通しても伝わってくる。(2) 書いてある中身については、愛人の死に対して後悔し悲嘆していることは一応確かなようだが、観念が先立つ分析的な記述や自己正当化の理屈に紙幅を割いていて、自分のことしか考えられない人間の冷淡さを見せつけられるようで、やや残念ではある。またここでの思想に基づけば、ブーランジェ将軍の擁立運動は、普仏戦争敗北後の民衆的本能が独裁的指導者を求めているからだということになる。にもかかわらず、のちにバレスはナチスに利用されることになる。こうした右翼的愛国主義は為政者に好都合なものにゆがめられやすい危うさを秘めていることに、著者は気がつかなかったのだろうか。愛読者や専門の研究者には失礼ながら、素人なりにいろいろと釈然としない読後感が残った。

注

(1)「世界文学全集」は「根こぎにされた人々」も所収している(モリス・バレス『根こぎにされた人々』吉江喬松訳〔「世界文学全集」第二期第一巻〕、新潮社、一九三二年。「自我礼拝」第三部「ベレニスの園」を併収)。こちらはのちに第三期新潮文庫に所収された(モオリス・バレス『根こぎにされた人々』上・下、吉江喬松訳、新潮社、一九三九年)。前掲『絶版文庫四重奏』に紹介がある。

(2)個人的には、沼沢のなかにたたずむ忘れられた中世の町エーグ=モルトへの愛惜あふれる描写に感動した。若いころに本作を読んで以来の念願だったこの地は、二〇一〇年に訪問する機会を得た。学会があったモンペリエからローカルなバスに長時間揺られてようやく着いたその地には、モーリス・バレスの文章から思い描いていたイメージと全く同じ景色がそのままに残っていて、生涯忘れられない体験だった。

ジャン・ジロドゥ「ベラ」

白井浩司訳、ジュール・ロマン/ジャン・ジロドゥ『プシケ/ベラ』所収、青柳瑞穂/白井浩司訳(「世界文学全集 オプション103」第七十六巻)、講談社、一九七九年

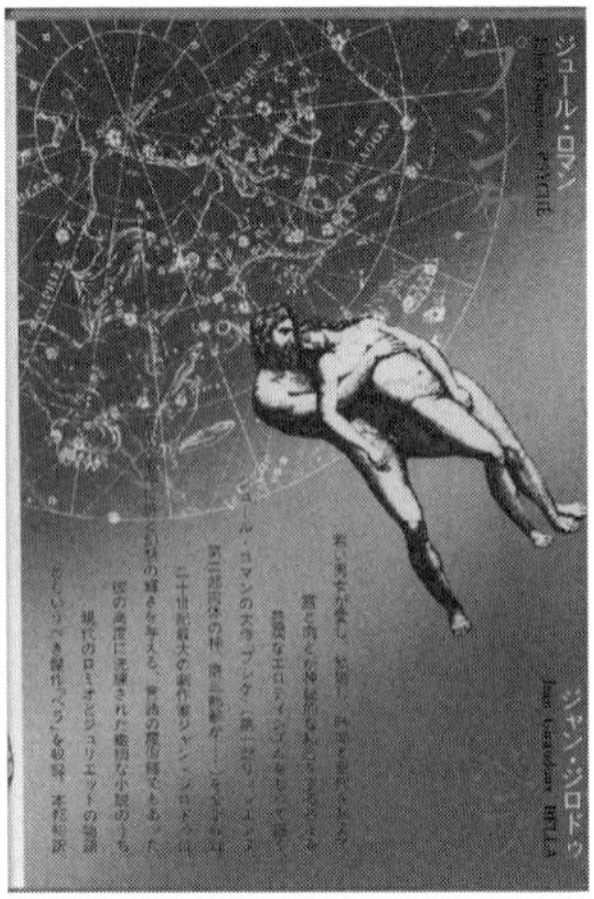

ジュール・ロマン／ジャン・ジロドゥ『プシケ／ベラ』

『トロイ戦争は起こらない』（一九三五年初演）、『オンディーヌ』（一九三九年初演）などの劇作で知られるジャン・ジロドゥ（Jean Giraudoux、一八八二―一九四四）だが、『ジークフリート』（一九二八年初演）の成功以前は小説を書いていた。「ベラ」（一九二六年）は、不倶戴天の敵同士である名家の若い男女の悲恋を主題にしている。現代版『ロミオとジュリエット』を思わせるわかりやすい外見をとりながらも、二十世紀初頭の政界の実力者レイモン・ポワンカレへの鋭い批判の毒針が仕込まれた一筋縄ではいかない作品である。(1) ジロドゥは外交官として国際政治の舞台でも活動し、彼を引き立ててくれた外務省のフィリップ・ベルトゥロオともども対独協調の立場だった。一方、対独強硬派のポワンカレは政治的方向性が異なるベルトゥロオを嫌って失脚に追い込み、そのことを「ベラ」で揶揄したジロドゥを閑職に追いやったのである。

　ポワンカレをモデルにした法務大臣ルバンダールは冷酷非道な男として描かれる。主人公のベラはルバンダールの死んだ息子の嫁で、義父が敵視する政治家デュバルドオの息子フィリップとそれとは知らずに愛し合うようになる。デュバルドオを不正行為のかどで訴えようとしたルバンダールだったが、肝心の証拠書類はベラが隠滅してしまっていた。背信行為を義父に難詰されたベラは、フィリップを愛していることを告白し、自殺を図る……。

それにしてもこれは訳者が記しているとおり、「一九世紀の多くの小説家が拠り所としたリアリズムに反対する立場」(「解説」、以下、同)に由来する、「一種独特の晦渋さ」が相当に手ごわい作品である。「リアリズム小説においては不可欠の年齢や要望や職業や経歴」など、「知りたいと思う細部はすべて省略され」ている一方で、明らかに脇役の登場人物に関する、本筋に全く関係がない微細な事実がこれでもかと語られる。例えば第一章では、医学や物理学などの分野で学士院の会員になるなど、フィリップの優秀な叔父たちの高尚で多方面にわたる関心事が延々と語られていく。しかも「多くの言葉が費やされているが、幻想の世界に住んでいる人のように実体がなかなか摑みとれない」。とにかく枝葉から枝葉が生じて話が膨らむ「風変わりな饒舌」には面食らうが、これこそが当時の先端をいく実験的な小説だったのだろう。

注

(1)ジュール・ロマン「プシケ」(青柳瑞穂訳)に併収されて地味な扱いだが、これが貴重な唯一の翻訳。本作以外に世界文学全集に所収されたジャン・ジロドゥの小説には、「天使とのたたかい」「シュザンヌと太平洋」(中村真一郎訳、ジロドウ/クノー『ジロドウ 天使とのたたかい シュザンヌと太平洋/クノー 人生の日曜日 きびしい冬』所収、中村真一郎/白井浩司/大久保輝臣訳〔「20世紀の文学 世界文学全集」第二十三巻〕、集英社、一九六五年)、「選り抜きの女たち」(高畠正明訳、ドリュ・ラ・ロシェル/ジロドゥ『ドリュ・ラ・ロシェル/ジロドゥ集』所収、若林真/高畠正明訳

（『世界文学全集』第五十八巻）、筑摩書房、一九七〇年）がある。

ピエール・ドリュ・ラ・ロッシェル『ジル』

若林真訳（『20世紀の文学 世界文学全集』第十巻）、集英社、一九六七年

第十巻がピエール・ドリュ・ラ・ロッシェル（Pierre Drieu La Rochelle、一八九三―一九四五）、第十一巻がルイ・アラゴンとは、この全集の企画担当者はなんとも意地が悪い。犬猿の仲の二人のこと、書棚で並んでいても憎悪の火花が飛び散って、こちらに降りかかってきそうだ。別項のアラゴン『お屋敷町』も参考にしていただきたいが、両者ともに初めはシュールレアリスムの運動に参加した。やがて自らも首まで漬かっていたフランス・ブルジョアジーの道徳的頽廃を克服し、政治的な欺瞞と混迷からの脱却を目指して、現実変革につながる芸術運動を志す。そこから二人は正反対の道へ。アラゴンは左傾してコミュニズムへと歩みを進めた一方、ドリュは右傾してファシズムに走り、ついには占領下のフランスで対独協力者になるのである。

本作は自伝的な内容をもつドリュ最大の長篇である。第一次世界大戦下のフランス。孤児で貧乏

だが野心家のジルが、けがの治療のため前線からパリに戻されてくる。苛烈な戦場では生を実感し充足感を覚えた。その前線を離れて戻ったパリでは、堕落しきったブルジョア社会の政治的な陰謀や足の引っ張り合いが蔓延していて、嫌気が募る。この場面に配された愚劣な登場人物は、アンドレ・ブルトンとアラゴンを露骨に揶揄したものになっている。一方で彼は美男かつ並外れた女好きで、娼婦あさりのかたわら次々と愛人を獲得していく。理系女子のインテリであるユダヤ娘のミリヤンに愛情もなく金目当てに接近して結婚したあげく、極悪非道を尽くす。その後、本気で入れ込んだ人妻のドラには最終的に逃げられ、二番目の妻ポーリーヌをがんで失うなど不幸が相次ぐ。これには、読者はもとよりジル自身でさえ、ミリヤンへの仕打ちの報いがきたと思わざるをえない。ちなみにジルの最後の愛人ベルトは自動車会社ルノーの社長夫人クリスティーヌがモデルだそうだから、その色男ぶりも半端ないものだったことがわかる。

大統領の息子をそそのかして大統領暗殺を企てる政治テロの一派と関わりをもちながらも、ジルの政治的立場はずっと腰が据わらない中途半端なものだった。しかし失敗に帰した右派のクーデターである「一九三四年二月六日の危機」（当時のフランスの政治勢力図に詳しくなければ、小説の記述だけでは状況把握は困難だが）を契機にジルはファシズムに開眼する。ただし、その決定的な要因が論理的に語られているわけではないため、なぜ彼が一気に右傾化したのかはわかりづらい。最後に置かれたエピローグでは、偽名を使ってスペイン内戦下でフランシスコ・フランコ側に立って戦う姿が描かれている。しかし、こうした限界状況では生き生きとする彼も、スペインのために死のうとまでは考えずに、フランス人ジャーナリストの立場を利用して激戦地からの脱出を企てるなど、残念な人格は変わっていない。

一定の成功を得た『奇妙な旅』(一九三三年)、『夢見るブルジョワ娘』(一九三七年)を経て発表された自伝的長篇『ジル』(一九三九年)は、「フランスの衰弱と凋落を剔抉し、フランス人の退嬰性を告発するこの悪罵の書を、大暴風雨がいままさに到来せんとする鬱然とした空の下で、当時のフランス人は自虐的な快哉を叫びつつ読んだのだろうか」(若林真「ある道化師の肖像」、後述の改訳版所収、以下、同)とあるように、当時はよく売れた。(1) しかし、戦後に政府から逮捕令状を突き付けられて自死した作家を語ることは長らくタブーだったようである。ルイ・マル監督の映画『鬼火』(主演：モーリス・ロネ、一九六三年)が製作されたあたりから、ようやく再評価が始まった。

本作が必読の傑作かと聞かれたならば、訳者をはじめ高く評価している研究者には申し訳ないが、一読者としての感想は否である。何の共感も湧かない自分勝手で好色なだけの主人公には辟易した。また、同じようなブルジョア批判の主題を扱った「お屋敷町」と比較しても魅力の面で劣ると思う。ちなみに本作は改訳され、ドリュ・ラ・ロシェル『ジル』上・下(若林真訳〔「1945：もうひとつのフランス」第一巻〕、国書刊行会、一九八七年)として再刊されていて、「不注意と浅学に因る誤訳、悪訳、脱落の汚点のある古着」と訳者が自ら書いている旧訳よりも、読むなら改訳版を選択するほうがいいかもしれない。

注

（1）「奇妙な旅」には若林真訳があり（前掲『ドリュ・ラ・ロシェル／ジロドゥ集』所収、『ドリュ・ラ・ロシェル／モンテルラン／マルロー』所収、若林真／朝比奈誼／小松清／松浪信三郎訳〔「筑摩世界文学大系」第七十二巻〕、筑摩書房、一九七五年）、『夢見るブルジョワ娘』には堀口大学訳がある（ドリュウ・ラ・ロッシェル『夢見るブゥルジョア娘』上・下〔新潮文庫〕、新潮社、一九五七年）。

アンリ・ド・モンテルラン「独身者たち」

①渡辺一民訳、（アンリ・ド・）モンテルラン／クロード・モーリアック『モンテルラン 独身者たち カスティリアの姫君／クロード・モーリアック あらゆる女は妖婦である』所収、渡辺一民／安東次男訳（「20世紀の文学 世界文学全集」第二十四巻）、集英社、一九六五年／②渡辺一民訳、モーリアック／モンテルラン『モーリアック 夜の終り 他／モンテルラン 独身者たち』所収、遠藤周作／中島昭和／渡辺一民訳（「集英社版 世界文学全集 ベラージュ」第七十五巻）、集英社、一九七九年

アンリ・ド・モンテルラン（Henry de Montherlant、一八九五—一九七二）は、いまでこそ忘れら

れた作家になっているが、幸福な結婚の幻想に心を躍らせて近づく女性たちを軽蔑し、ことごとく冷酷に拒絶する作家を描いて議論を巻き起こした『若き娘たち』（一九三六年）を皮切りに、『女性への憐憫』（一九三六年）、『善の悪魔』（一九三七年）、『癩を病む女達』（一九三九年）と続く、ペシミズムと女性蔑視思想に彩られた四部作が名高い。新潮文庫はこれらに加えて、闘牛士を目指す少年の姿を追った一種のスポーツ小説『闘牛士』（一九二六年）も所収されていて、少なくとも一九五〇年代から六〇年代には一定の読者を得ていたと思われる。[1] 一方で、三四年のアカデミー・フランセーズ文学大賞を受賞した出世作である本作は、わが国では世界文学全集が二度ひっそりと所収しただけで文庫化されることはなかった。救いがないところがいかにもモンテルランらしい佳作であるだけに、広く知られる機会がなかったのが残念である。[2]

（アンリ・ド・）モンテルラン／クロード・モーリアック『モンテルラン 独身者たち カスティリアの姫君／クロード・モーリアック あらゆる女は妖婦である』

タイトルにあるように、主人公は伯爵とは名ばかりで老いた母親のわずかな収入を頼りに、非主体的に無為に生きてきたニートで独身のレオン・ド・コアントレ。気の毒なまでに単純で世間知らずの男である。社交界と隔絶して年金暮らしをしている叔父エリー・ド・コエトキダンも独身で、四十年来の同居人だ。しかし母の死とともにわずかな財産は瞬く間に底を尽き、住み慣れた屋敷アラゴを立ち退かなくてはならない羽目に。財力あるもう一人の叔父オクターヴにすがろうとするものの、冷淡な対応をされ、金銭面だけでなく、屈辱と将来への不安とでレオンは精神的にも追い詰められていく……。

一見するとバルザックを思わせる写実主義的な正統派風俗小説で、滅びゆく貴族階級への挽歌にほかならないように見えるが、訳者の見解は次のように異なっている。すなわち、登場人物はそれぞれ、会話を通じて「おのれの都合のいいように、おのれの希望的観測を織り込みながらそれぞれ現実のイメージを創り上げていく」（①「20世紀の文学 世界文学全集」の「解説」、以下、同）ために、作中人物の間に「心の交通」がなされない。「オクターヴの口から慰めの言葉を聞き、これでなにもかもうまくいくと思い込む」レオン。「口さきだけで奔走を約束したあと、アラゴ立ちのきの日までにはレオンもひとりでなんとかするだろうと」、一貫してしょせんは他人事としてしか考えないオクターヴ。そして状況を聞かされたエリーは、レオンのことは関心外で、「自分自身の今後の身の振り方とレオンに当てこすりをいう」ことしか考えない。訳者は結論として、「交錯することのない各個人の閉ざされた現実」の下で、「他者とまったく触れ合えぬまま死んでゆく」「絶対的な孤独」をもつ存在こそが人間の真実であることを呈示することにこそ、作者の主な関心があるとしている。

レオンはオクターヴが考えるような怠惰一辺倒な人物では決してない。自分の可能性を諦めておらず、プライドも捨てられないでいる。しかし、何かしたいという意志があっても、結局何一つまともにこなせない不器用で能力の低い男である。これは今日的な視点で考えれば、単に生育環境に由来するだけではなく、軽度の障害ゆえの認識の甘さや無能力を疑うべきではないだろうか。その視点からきちんとしたサポートさえあれば、あれほど苦しむこともなく、無残に死ぬこともなかっただろうと思えば、なんともいたたまれない気持ちになる。九十年前のフランスとは比べものにならないほどに「おひとりさま」ばかりの現代日本では、知られていないだけで町内に何人ものレオンがいるかもしれない。本作は依然として読者に問題を投げかけているように思われる。

小説中には作者による、偏見に満ちて辛辣で、それだけに魅力的な警句や主張が並ぶ。一例だけ紹介して終わりたい。「ド・ボーレ嬢〔レオンの姪：引用者注〕のほんとうの欠点は、（略）新しさというものがかの女にとって価値の同義語だったことにある。それこそ無知のたしかなしるしだった。時代の先端をいくことを渇望するのは、どのような社会にあっても、つねに知性の劣った連中なのだ。嗜好とか教養とか批判力といったもので見わけることができないので、かれらは真実は新しさであるという原則にしたがって、機械的に問題を裁断しようとする」

注

（1）モンテルラン『若き娘たち』新庄嘉章訳、新潮社、一九五二年、同『女性への憐憫』堀口大学訳（新潮文庫）、新潮社、一九五三年、同『善の悪魔』堀口大学訳（新潮文庫）、新潮社、一九五四年、同『癩を病む女達』新庄嘉章訳（新潮文庫）、新潮社、一九五二年、アンリ・ド・モンテルラン『闘牛士』堀口大学訳（新潮文庫）、新潮社、一九五一年、一九九四年復刊

（2）①「20世紀の文学 世界文学全集」はバルセロナでの四日間の生活を内的独白の手法で語った「カ

スティリアの姫君」（渡辺一民訳）も所収している。併収はクロード・モーリアック「あらゆる女は妖婦である」（安東次男訳。一九七九年に集英社文庫〔集英社〕に所収）。②「集英社版 世界文学全集 ベラージュ」の併収はフランソワ・モーリアックの「テレーズ・デスケールー」（遠藤周作訳。一九七四年に講談社文庫〔講談社〕、『テレーズ・デスケルウ』の題で七七年に遠藤周作文庫〔講談社〕、九七年に講談社文芸文庫〔講談社〕に所収）と、「夜の終り」（中島昭和訳。杉捷夫訳の新潮文庫あり〔新潮社、一九五二年〕）。なお、本書では取り上げられなかったが、「ポール＝ロワヤル」「イスパニア枢機卿」の二つの戯曲も「筑摩世界文学大系」第七十二巻に所収されている（朝比奈誼訳、前掲『ドリュ・ラ・ロシェル／モンテルラン／マルロー』所収）。

ルイ・アラゴン「お屋敷町」

橋本一明訳（「20世紀の文学 世界文学全集」第十一巻）、集英社、一九六七年

シュールレアリスト、ダダイスト、レジスタンス詩人、コミュニスト……。ルイ・アラゴン（Louis Aragon、一八九七―一九八二）への冠辞からは、強面で難渋なイメージしか湧いてこない。

アラゴン『アラゴン お屋敷町』

ところが実はアラゴンの一連の長篇小説は、十九世紀のリアリズムの枠に収まったかなり保守的な作風で、本作や『オーレリアン』（一九四四年）のように社会派小説ではあっても、共産主義称揚とは関係が薄いものが少なくない。この本の巻末に寄せた「アラゴンの肖像」で佐藤朔が書いているように、のちに妻になるエルザ・トリオレとの出会い（一九二八年）が、作家の目を「シュルレアリスムの現実離れした夢想・幻覚・無意識の世界」すなわち「雲の底」から、「彼の生きている現実」すなわち「現実世界」に移させたようである。一九三〇年のいわゆるアラゴン事件でシュールレアリスムから決別したのち、三四年に第一部『バーゼルの鐘』を皮切りに書き始められ、第二部『お屋敷町』（一九三六年）、第三部『二階馬車の乗客たち』（一九四二年）、第四部『オーレリアン』と続いた連作長篇『現実世界』では、バルザック風の人物再登場法を駆使しながら、きらびやかな表面をもつブルジョア社会の堕落と空疎さを暴露したのである。[1]

「お屋敷町」は、南フランスの地方都市セリアーヌの町長で医師のフィリップ・バルバンターヌの二人の息子の半生が物語の中心である。兄エドモンは父に従ってパリで医学生になるが、次第に怠け、恩師の教授夫人と火遊びをし、大資本家ケスネルの妾カルロッタのジゴロになり、博打にうつつを抜かす。一方、いやいや法律を学んでいた弟アルマンは、女とのけんかが原因で学校をやめたために父から勘当され、手ぶらでパリに来る。だが、もともと仲がよくなかった兄には頼れず、浮浪者にまで落ちぶれてしまう。
教授夫人の殺害事件をめぐって無実ながら状況証拠が悪すぎるエドモンを脅迫し、エドモンを救いたいカルロッタを「手ごめにする」悪徳刑事コロンバンなど、取り巻く人間たちも悪人ぞろいだ。欲にまみれてうごめくブルジョアの醜さがこれでもかと描かれている。また、セリアーヌの葬儀屋兼帽子屋のメトランス家の女中アンジェリクのように、ブルジョア連中に食い物にされて惨めな死へと追い詰められる、気の毒な社会の下層階級の者を丁寧に描いている。三年兵役法の採択など、国論を二分した第一次世界大戦開戦前夜（一九一三年）の緊迫した政治状況を詳しく述べてあるのも特徴だが、いかんせんそれを理解するだけの歴史的知識が自分には乏しい。この長大な小説はエドモンが危機を脱し、アルマンが工場労働者の職にありつき、ストライキの決行に加わるところで終わる。ようやく社会正義に目覚めたアルマンの今後の生き方に希望を感じさせる幕引きである。

注

（1）『レ・コミュニスト』（一九四九—五一年）を第五部とみなす説もある。翻訳は第一部にアラゴン『バーゼルの鐘』（稲田三吉訳〔「20世紀民衆の世界文学」第三巻 フランス篇〕、三友社出版、一九八七年）ほか。第三部に同『現実世界』（全五巻、関義訳、新潮社、一九五六年）。第四部に同『オーレリアン』（生島遼一訳〔「現代世界文学全集」第二十四巻〕、新潮社、一九五四年）、ルイ・アラゴン

『オーレリアン』上・下（生島遼一訳〔新潮文庫〕、新潮社、一九五八年）。

ジュリアン・グリーン「夜明け前の出発」

品田一良訳、（フランソワ・）モーリアック／ジュリアン・グリーン／（マルセル・）プルースト『モーリアック 愛の砂漠／ジュリアン・グリーン 夜明け前の出発 ほか』所収、遠藤周作／品田一良／田中淳一訳（「世界文学全集」第三十五巻）、講談社、一九七〇年

この講談社版の全集には、当初マルセル・プルースト『スワンの恋』（一九一三年）の所収が予定されていたが、「月報」によれば諸般の事情によって『楽しみと日々』（一八九六年）に含まれる初期の短篇「若い娘の告白」（田中淳一訳）に差し替えられ、余ったスペースに一九六七年に本邦初訳で話題を呼んだ本作が押し込められることになった。作品の変更はおそらく急遽に近いものだっただろう。巻頭には有名な肖像画やイリエ（イリエ・コンブレ）の風景など、プルースト関連のカラー写真が三ページにわたって掲載され、短篇一つながらプルーストがメインの扱いである。次いで併収の「愛の砂漠」（遠藤周作訳）の著者フランソワ・モーリアック関連の写真が四ページあり、作品

の量的にはいちばん多いジュリアン・グリーン（Julien Green、一九〇〇—九八）はわずかに一ページ。かなり写りが悪い肖像と卒業したバージニア大学の写真が、口絵の最後に付け足しのように置かれているだけだ。しかし結果として、有名作品が並ぶ本全集では異彩を放つこの第三十五巻が、今日では類書がない価値ある一冊になったというのは皮肉な話である。

本作（一九六三年）は創作ではなく自伝であり、幼少期から第一次世界大戦に出征する十七歳までを扱っている。[1] アメリカ人の両親の下、年が離れた四人の姉がいる末っ子としてフランスで育った「私」。純粋培養を志向する母親からの圧が強すぎる愛情に呪縛されるなか、プロテスタントとカトリックの択一に迷う宗教的動揺や、隠匿されゆがめられてきた性意識の覚醒に不安を覚えて揺れ動く心理を、記憶を頼りに克明にたどったものである。「解説＝ジュリアン・グリーン」での訳者によれば、「性にかかわるくだりになると、苦痛に堪えるかのようなためらいを見せ」ながらも、「当時の悪や恥辱」をすべてさらけ出して「赤裸々に描き出されている」ところが評価され、刊行当時は「フランス読書界の話題をさら」い、絶賛されたということだ。

（フランソワ・）モーリアック／ジュリアン・グリーン／（マルセル・）プルースト『モーリアック 愛の砂漠／ジュリアン・グリーン 夜明け前の出発 ほか』

取り澄ました教育のせいで「私」は無知のままとどめおかれた。例えば母は、ウィリー叔父が女中からうつされた梅毒で死んだ事実があるので、「うちの女中のだれとも、ふたりきりで話などするんじゃないよ」とは伝えるものの、十四、五歳にもなっていても「私」がもつ性知識がゼロなので、母の言葉の意図を何一つ理解できない。その「私」はイタリア・ジェノヴァの義兄の家で露骨な春画を見て欲望と恐怖を覚えても、「きわめてあいまいにしか理解していなかった」と語るだけなのだ。母の死後に父とともにカトリックに改宗するが、教導者のX神父は純潔に対する罪を過大に捉えるガチガチに頭が固い人物なので、その後も「私」のゆがみは改善されるどころか悪化する。十六歳になっても童貞という言葉の意味も知らず、リセ（寄宿学校）の悪友たちにそそのかされて意味もわからずに貯金をもって娼館に出向こうとするが、かわりに手袋を買ってしまって登楼せず皆にあきれられる。一方で、口を利いたことさえなかった美青年フレデリックに対して恋焦がれる同性愛的指向が芽生えだす。自伝は、父の指示に従って救護兵として戦線に赴くことで生活が一変する可能性を示唆したところで終わる。

彼が純潔のまどろみから覚めて犯した罪、神父への告解を繰り返すことで心の安らぎを得ようとした罪とは、具体的に何なのか。もちろん文章からある程度読み取れるし、推測することも可能だが、一九六〇年にもなっていれば記述はタブーでも何でもなかったはずだ。自慰行為をしたとか、なぜはっきりと書かないのか。包み隠そうとしている記述があると、男だけで過ごすリセの毎日で、それほどまでに性知識に無知でありえたことさえも信じがたく思えてくる。それともう一つ。ヘルマン・ヘッセの『少年の日の思い出』（一九三一年）のように、どんなにいい子どもでも、つい信頼を裏切る行為をして親たちを嘆かせたことは一度や二度はあるだろう。そういった話が皆無なために、「私」にはどうにも美化された姿を感じてしまう。

グリーンはこの自伝を書き始めた一九五〇年代の末には、すでにほぼすべての小説を書き上げ、カトリック作家の巨匠としての確固たる地位を得ていた。べつに露悪的な自伝を書いて名声に傷をつける必要はなかったのだ。だが書く以上はジャン＝ジャック・ルソーの『告白録』（一七六四―七〇年執筆、死後出版）や、アンドレ・ジッドの『一粒の麦もし死なずば』（一九二四年）に勝るとも劣らぬ誠実かつ赤裸々なものにしなければと思ったのではないか。しかし彼には自虐趣味はなく、羞恥心が勝って筆はどうしても抑えぎみになったのではと思う。宗教をめぐる葛藤には真摯なものを感じるし、研究者からはお叱りを受けそうだが、この自伝の少なくとも一部にあざとさを感じられるのが私には残念である。

注

（1）本作に続き、自伝第二部『開かれた多くの道』（一九六四年）、第三部『遠い土地』（一九六六年）が書かれた（いずれも未訳）。訳者によれば、一貫して変わらぬ真摯さで、それぞれ二十歳までと二十二歳までの自己を語っているそうなので、そちらを読めばグリーンの自伝について、より正当に評価できるのかもしれない。なお本作は、人文書院の「ジュリアン・グリーン全集」（全十四巻、一九七九―八三年）には所収されておらず、親本（ジュリアン・グリーン『夜明け前の出発』品田一良訳、講談社、一九六七年）かこの講談社版の全集で読むしかない。

ジャン＝ポール・サルトル「嘔吐」

①白井浩司訳、サルトル／ビュトール『サルトル 嘔吐／ビュトール 時間割』所収、白井浩司／清水徹訳（「世界の文学」第四十九巻）、中央公論社、一九六四年／②白井浩司訳、『サルトル』白井浩司／伊吹武彦／窪田啓作／中村真一郎／加藤道夫／芥川比呂志／永戸多喜雄訳（「新潮世界文学」第四十七巻）、新潮社、一九六九年

実存主義哲学をまともに学んだことがない筆者が紹介者として適任とは全く思わない。しかし、二十世紀フランス文学を代表する超が付く有名作（一九三八年）でありながら、ジャン＝ポール・サルトル（Jean-Paul Sartre、一九〇五―八〇）の版権を人文書院が死守してきたために、世界文学全集には二度登場しているものの、過去に一度も文庫になっていない。(1) となれば本書で取り上げないわけにはいかないではないか。(2)

三十代にして独身の金利生活者で、港町ブーヴィル市の図書館に通い、革命期のスパイを研究しているアントワーヌ・ロカンタンの日記という形式をとる。ある日彼は、水切り遊びの小石をつかんだときに突然の吐き気を感じる。その後も紙片、ビール、ズボン吊りなどを見ていたときに同じような発作に襲われるが、なぜかジャズのレコードを聴くと気分が鎮まる。そして激しい吐き気の

なかで公園のマロニエの木の根元を眺めていたときに、ついに彼は存在そのものについての啓示を得る。「事物の多様性、その個性は単なる仮象、単なる漆にすぎなかった。その漆が溶けた。そして怪物じみた柔らかい無秩序の塊――裸の塊、恐ろしい淫猥な裸形の塊だけが残った」のである。吐き気に導かれるようにして露見したのは存在の「偶然性」である。すなわち存在には「いかなる理由」もなく、存在するものは「ただ単にそこに〈在る〉」「無意味なかさばった」ものであり、それには人間という存在も当然含まれるのだ。

審美主義の女優で自我の充足を求めていた昔の愛人アニーは、変わり果ててただ「生き延びている」だけの女になっていた。彼女に何もしてやれないロカンタンは、パリに戻る前にジャズのレコードを聴き直し、「存在する罪から洗い清められた」作曲家と歌手をうらやみ、「鋼鉄のように美しく硬く、人びとをして、彼らの存在を恥じ入らせる」ような小説を書こうと決心する。

『サルトル』

三十年以上前にも一度悪戦苦闘して読んだことがある。当時は、図書館の本を内容に関係なくタイトルのアルファベット順に借り出して読んでいる「独学者」というけったいな登場人物がいたことぐらいしか記憶に残らなかった。今回読み直してみても、頭が柔らかかった昔に比べて、実のところ何かがわかったと断言できるわけではない。全文は新潮社版で二段組み二百ページ程度と長くはないものの、小説という形態のため直截的に語られていないだけに、難解な文章からサルトルの意図をきちんと読み取るのは筆者の手に余るものだった。申し訳ないが専門の研究者の書いたものを読まれることをお勧めしたい。

注

(1) ①「世界の文学」はミシェル・ビュトール「時間割」(清水徹訳)を併収。②「新潮世界文学」はジャン＝ポール・サルトルの短篇(五作すべて新潮文庫のサルトル『水いらず』〔伊吹武彦／白井浩司／窪田啓作／中村真一郎訳、新潮社、一九七一年〕に所収)や戯曲(「蠅」〔加藤道夫／白井浩司訳〕、「出口なし」〔伊吹武彦訳〕、「恭しき娼婦」〔芥川比呂志訳〕、「汚れた手」〔白井浩司訳〕、「アルトナの幽閉者」〔永戸多喜雄訳〕の五作。すべて文庫未所収)を集めて一冊にしている。なお本作は同じ人文書院から鈴木道彦による新訳(ジャン＝ポール・サルトル『嘔吐 新訳』二〇一〇年)が出た。

(2) 大学二年生のとき、よせばいいのに格好つけてサルトルの短い哲学論文を取り上げるフランス語購読の授業を選択したが、これも筆者にはきわめて難解だった。同じ先生が担当していたギュスターヴ・フローベール『三つの物語』(一八七七年)を読解する講義はなんとかクリアしたが、サルトルのほうは「不可」をいただき、三年生になってもフランス語の再履修で道路を挟んだ教養部の建物に通う羽目になった。

シモーヌ・ド・ボーヴォワール「レ・マンダラン」

全二巻、朝吹三吉訳（「現代世界文学全集」第四十五巻、第四十六巻）、新潮社、一九五六年

二十世紀ハンガリーの作曲家バルトーク・ベーラの過激でスキャンダラスな、パントマイムのための舞台音楽『Le Mandarin Merveilleux』が『中国の不思議な役人』と訳されているように、マンダラン（Mandarin）とはそもそも中国・清王朝の官吏を指す。しかし「自己の専門の中に閉じ籠って」「現実に盲目な、お偉方知識人」（「訳者解説」）の意味もあるそうで、本作のタイトルはその意味で付けられていると考えられる。これはパリ解放直後からあらわになったヨーロッパの覇権をめぐるアメリカとソ連の反目、共産党とド・ゴール主義の対立、対独協力者への粛清、植民地マダガスカルの抵抗運動など、次の世界大戦前夜を彷彿とさせる緊迫した状況下で、誰もが政治的な決断を迫られた時代を背景にした群像劇である。フランスの左翼知識人の動揺と苦悩を第一主題、そして粘着質なまでに男に執着する有閑マダムたちの愛の盛衰を第二主題にした、ソナタ形式を思わせる交響的大作に仕上げられている。

第一の主題の主人公は作家・ジャーナリストのアンリ・ペロン（「解説」によればアルベール・カ

ボーヴォワール『レ・マンダランI』

ミュがモデルと言われる）。彼は主宰する新聞「希望《エスポワール》」を政治的な党派から独立したものにしたいと考えていたが、友人の老作家ロベール・デュプロイユ（サルトルがモデルと言われる）の強い要望に屈して、社会主義的ながら共産党とは一線を画す党派の機関紙にすることに同意した。その結果、従来からの読者の多くを失い、経営危機に陥る。やがて非共産党の左派勢力が退潮していくなかで、デュプロイユはレジスタンス時代の成功体験を過信して共産党に接近し、ソ連国内の強制収容所の存在を隠蔽しようとする。それに対して良心が許さないアンリは、新聞にスターリン体制の暗部を告発する論説を掲載し、それが右翼ド・ゴール主義者を利する結果になってしまい、二人は決定的に決裂する。政治に失望したアンリは、自らの戯曲を演じた若い女優ジョゼットとの恋愛に生きようとしたが、彼女は戦争中の対独協力者だったことが明らかになる。ジョゼットを破滅から救うためには法廷で偽証するほかなかったが、これが周囲の左派活動家仲間の知るところになって彼の信望は大きく傷ついた。

第二の主題には主に二人の女たちが関わっている。アンリをジョゼットに奪われ、愛が失われたあとも現実を受け入れられずに幻想を追い、くどくどと狂的に関係を保とうとする元歌手のポールは暗愚かつグロテスクの極みだ。破局に耐えきれずに一時はとうとう発狂するが、回復するとサロンで醜悪な姿をさらすだらしない女になり果てる。一方、著者シモーヌ・ド・ボーヴォワール（Simone de Beauvoir、一九〇八―八六）本人が投影され、作中に一人称で登場するのが、デュプロイユの妻アンヌ。精神分析医として学術講演のために訪れたアメリカで、独身の作家ルウィス・ブローガン（ネルソン・アルグレンがモデルと言われる）と激しい恋に落ちるが、夫とパリを捨てる決断ができず、やがて破局になる。いくら年齢が離れた夫とは冷めた関係とはいえ、ご立派な不倫なのだが。実はアンヌはこれ以前にも愛情のかけらもないのに反共左派のスクリヤシン（アーサー・ケストラーがモデルと言われる）と不倫している。そんなふしだらな関係について、自分がモデルのためかウジウジと自己弁護と自己憐憫に終始するのはいただけない。しかも、事情は周囲にバレバレなのにアンヌをとがめる人間が周りにいない。これが個人の自由を最優先するフランス人の価値観というものだろうか。(1)

デュプロイユとアンヌの娘ナディーヌは、ナチスに恋人を殺されて以来のトラウマで性格がひねくれ、自暴自棄になり誰とでも寝る。そんな彼女を癒やすのが、なんとアンリとの結婚という結末には驚く。それでも、これで義理の親子になった二人の作家は和解し、孫まで生まれて、もちろんインテリ一家は生活にもゆとりがあってメデタシメデタシになる。そんななかで最終章にルウィス・ロスのアンヌが発作的な自殺を願望するシーンがあるが、これは戦後の混乱期に日々の生活から逃避することもできず歯を食いしばって生きている多くの庶民への侮辱的な背信ではないだろうか。精神分析医の肩書が聞いてあきれる甘ったれぶりは、ブルジョア的な精神的堕落と言うほかない。

愚かしい女たちの挿話はカットして、極左と極右に分断される政治状況下での自由主義者、ユマニスト、良心的左派ら中間的立場の者の混迷（ある若者はテロに走り、別の若者は反動化する）だけをリアルに描いていたら、より明確な主題をもつ引き締まった真の傑作になっていただろう。この長篇小説は一九五四年に出版され、その年のゴンクール賞を受賞したが、先に書いた理由から私はその栄誉にふさわしいとは思えないのである。

注

（1）本書では取り上げられなかったが、シモーヌ・ド・ボーヴォワールの自伝的四部作の第一部「娘時代」（一九五八年）も文庫では読めないものの、世界文学全集には入っている（①朝吹登水子訳、コレット／ボーヴォワール『コレット さすらいの女／ボーヴォワール 娘時代』所収、片山正樹／朝吹登水子訳〔「新集 世界の文学」第四十一巻〕、中央公論社、一九六九年／②朝吹登水子訳、コレット／ボーヴォワール『コレット さすらいの女／ボーヴォワール 娘時代』所収、片山正樹／朝吹登水子訳〔「世界の文学セレクション36」第三十六巻〕、中央公論社、一九九四年）。

第5章

ロシアの文学

ニコライ・レスコフ「僧院の人々——年代記」

神西清訳、『レスコフ 封印された天使 他』神西清／米川和夫訳（「集英社版 世界文学全集 ベラージュ」第五十三巻）、集英社、一九八〇年

ニコライ・レスコフ（Nikolai Semyonovich Leskov、一八三一—九五）でいちばん知られているのは、ドミトリ・ショスタコーヴィチ作曲のオペラ原作『ムツェンスク郡のマクベス夫人』（一八六四年）だろう。[1] ただ、この自然主義的な初期中篇小説は、「大胆な色彩、生気あるユーモア、逸話的筋のおもしろさ、土俗的匂いの原語を駆使する[2]」ようになる、創作力がピークに達した中期の作品とはかなり異質だ。ドストエフスキーに才能を見いだされ、レフ・トルストイやアントン・チェーホフと親交を結んだが、ジャーナリストでもあったレスコフは社会の矛盾、教会上層部や官憲の腐敗、進歩派文化人の浅薄な民衆愛を批判したため、多くの敵を作り出版さえも制約された。没後に再評価されたものの、日本では翻訳、特に文庫本が少ないため知名度が低いのは残念なことと言わざるをえない。[3]

本作（一八七二年）は中期傑作の一つ。田舎町スタールイ・ゴロドの僧院には、法主トゥベロー

ゾフ、二の司祭ザハーリヤ、補祭アヒルラの三人がいる。学識があり信念を曲げない正義漢で民衆から敬慕されるトゥベローゾフだったが、そこに楽しみで悪辣非道を繰り返すテルモショーソフが出現する。享楽の赴くままに村の女たちをたらしこみ、検察官を脅迫して偽りの密訴を書かせ、何の恨みもないトゥベローゾフの名誉を傷つける。普段から形式主義的な教会上層部と意見が対立しても曲げようとしない頑固さが災いして重い罰を受けたトゥベローゾフは、苦難の最中に最愛の妻（初老なはずだがかわいらしいキャヤラ）にも先立たれ、失意のうちに死ぬ。コサック出身で無邪気で粗野だが人情家のアヒルラは、心底帰依していた法主の死を深く悲しむ。

作者としては、あくまで副題にあるように、ありふれた村の日常の日々を経年に従って淡々とつづり、田舎僧侶や農民の悲喜こもごもを一貫して愛情に満ちた視線で描こうとしたようだ。その結果、起伏が乏しくどこか素人くささが抜けきらない小説になってしまっているきらいがあるのが残念である。おそらくストーリー重視の練達の書き手なら、布装本に書かれた法主の長大な（おまけに擬古文で書かれている）年代記の転記や、合理主義の教師プレポテンスキイの屁理屈や奇行の数々、よろずやダルーニカによる悪魔騒動など、ストーリーの枝葉と思われるエピソードをもう少し刈り込んで、トゥベローゾフの悲劇とアヒルラの豪快な人間的魅力に焦点を絞った作品に仕上げたことだろう。さらに、人の破滅を楽しむという、ロシア文学史上でも屈指の悪党テルモショーソフをせっかく創造しているのだから、そこをもっと掘り下げることで、より深みがある作品になったことは疑いない。

神西清訳は初め河出書房の「新世界文学全集」第十四巻に所収され（レスコーフ『僧院の人々』河

出書房、一九四三年)、次いで思索社から全二巻で出たから(レスコーフ『僧院の人々』第一巻、第二巻〔思索選書〕、一九四九年)、「集英社版 世界文学全集 ベラージュ」は三度目の刊行になる。米川和夫訳の「封印された天使」を併収している。

注

(1) 歌劇は一九三四年一月に初演。露骨なエロスと強烈なモダニズムの音楽が好評だったが、三六年一月にヨシフ・スターリンがボリショイ劇場での上演を鑑賞して激怒し、後日「音楽のかわりに荒唐無稽」と題した無署名の批判が「プラウダ」紙に掲載されたために、以後の上演ができなくなった。なお、ニコライ・レスコフの代表作の一つである『魅せられた旅人』(一八七三年)や後期の短篇『左利き』(一八八一年)はロディオン・シチェドリンによってオペラ化されている。

(2) 中村喜和/灰谷慶三/島田陽『ロシア文学案内』(世界文学シリーズ)、朝日出版社、一九七七年、六四ページ

(3) 文庫はレスコーフ『魅せられた旅人』(木村彰一訳〔岩波文庫〕、岩波書店、一九六〇年、一九九四年復刊)、同『真珠の首飾り 他二篇』(神西清訳〔岩波文庫〕、岩波書店、一九五一年、二〇〇〇年復刊。「ムツェンクス郡のマクベス夫人」「かもじの美術家」併収)、レスコフ『封印された天使』(米川正夫訳〔新潮文庫〕、新潮社、一九五二年)、同『魅せられたる旅人』(米川正夫訳〔角川文庫〕、角川書店、一九五三年)の四点だけ。新訳はずっと出なかったが、河出書房新社から二〇一九年に『魅せられた旅人』の東海晃久訳が、群像社から二〇年に岩浅武久ほか訳の二冊の短篇集が出た(レスコフ

『レスコフ作品集1 左利き』岩浅武久訳（ロシア名作ライブラリー）、同『レスコフ作品集2 髪結いの芸術家』中村喜和／岩浅武久訳（ロシア名作ライブラリー）。

イワン・シメリョフ「レストランのボーイ」

染谷茂訳、ゴーリキー／アンドレーエフ／シメリョフ『ゴーリキー イタリア物語 他／アンドレーエフ 霧の中／シメリョフ レストランのボーイ』所収、工藤幸雄／長与容／原卓也／染谷茂訳（「集英社版 世界文学全集 ベラージュ」第六十巻）、集英社、一九七九年

書店にも図書館にも並んでおらず、文学史の本をひもといてもほとんど記述がないからといっても、全部が全部B級というわけじゃない。[1] こんなにすばらしい作家がいて、こんなに感動的な作品がある。イワン・シメリョフ（Ivan Shmelyov、一八七三—一九五〇）の本作（一九一一年）は、まさにそんな知る人ぞ知る逸品である。

革命前のロシアの都会。初老のヤーコフ・ソフローヌイチが給仕をしているレストランは、管弦楽の生演奏付きの祝賀会が開けるほどの規模で、町の名士が頻繁に出入りする華やかな高級店だが、

ゴーリキー／アンドレーエフ／シメリョフ『ゴーリキー イタリア物語 他／アンドレーエフ 霧の中／シメリョフ レストランのボーイ』

バックヤードには連れ込み宿の施設も備えるなど風紀上のいかがわしさもあわせもっている。主人公であるヤーコフは、泥酔客の落とした大金を拾い、喉から手が出るほどほしくても、結局は本人に届けるほどの実直さで、懸命に働いて家族を養っている。だが、苦労して学校に通わせたのに息子コーリャと娘ナターシャは、社会的地位が低い職に就いている父を恥じている。社会の不正や欺瞞に反発するコーリャは、それに順応・屈服しつづける父を批判し、貧乏人を差別する教師に反抗して退学し、ついには体制批判文書所持で流刑になってしまう。遊び好きで派手好みのナターシャは、同級生のような贅沢ができない不満から親を軽蔑していたが、勤務先の商店の番頭に誘惑されて囲われ者になる。息子の逮捕が原因で失職し、妻を亡くし、友人にも見捨てられ、家を買おうと投資した株が暴落するなど、これでもかとヤーコフに不幸がのしかかる。

小説の最後になって少しだけ事態が好転する。脱走したコーリャは見ず知らずの防寒服商人にかくまわれて逃げ延びる。情夫に捨てられたナターシャは再び仕事に戻った。二人ともに苦しみのなかで精神的に成長し、父への理解と愛情を深めた。ヤーコフ自身も労働組合のおかげでもとのレストランに戻れた。一方で最底辺の者たちの苦しみ自体は変わっておらず、社会変革への道のりはまだまだ遠い。だが、ヤーコフはコーリャをかくまった商人の言葉「神さまなしに生きていけるものではない」「親切な人々というのは胸の内に神から与えられた力を持っているのです」を真実の光明と受け止め、生きることが楽になった気がしていた。

マクシム・ゴーリキーは本作の結末に不満だったそうだが、確かに彼の代表的長篇『母』（一九〇七年）のように、ヤーコフが息子に感化されて革命運動に走ることはない。しかし、社会の底辺にいて打ちひしがれているすべての人が、社会悪に戦いを挑むべきなのだろうか。貧しく屈辱的な状況でも歯を食いしばって懸命に生きざるをえない大衆に寄り添い、同情し応援する強固なヒューマニズムでは不十分なのだろうか。「十九世紀ロシア・リアリズム文学の最後の残照」（原卓也「解説」）とされる本作を読むと、革命後のソビエト文学が失った大切な何かが見えてくる。前近代と近代、農村と都市の違いこそあれ、本作は農奴制の悪を告発したドミトリー・グリゴロヴィッチ『不幸なアントン』（一八四七年）と同様に、淡々とした外見の下に、正義と人道に基づく燃えるような社会的憤激を内包し、読者に訴え続けているのである。(2)

ちなみにこの「集英社版　世界文学全集　ベラージュ」の第六十巻は、ゴーリキー「イタリア物語」（工藤幸雄／長与容訳）や、レオニード・アンドレーエフ「霧の中」（原卓也訳）も所収していて、これらは文庫化されてはいるものの入手困難であることを考えれば、この本は「ベラージュ」全体のなかでも真っ先に手に取るべき一冊だと言えるだろう。(3)

注

（1）「集英社版 世界文学全集 ベラージュ」の原卓也による「解説」に従えば、（二冊あわせて）九百ページ以上あるマーク・スローニムの著書（『ロシア文学史』〔池田健太郎訳、新潮社、一九七六年〕、『ソビエト文学史』〔池田健太郎／中村喜和訳、新潮社、一九七六年〕）にはわずか二、三行ふれてあるだけで、六百五十ページを超える昇曙夢『ロシヤ・ソヴェート文学史』（恒文社、一九七六年）にも、「『レストランから来た男』『壊滅』『ウクレイキン』等の作品に冴えた腕を見せたシメリョフ」と書かれているだけとのこと。手持ちの資料では、百八十七人のロシア文学の主要作家を取り上げて紹介している前掲『ロシア文学案内』には全く記述がないが、『集英社 世界文学大事典』（全六巻、集英社、一九九六—九八年）には経歴や代表作などかなり詳細な記述がある。

（2）グリゴローヴィッチ『不幸なアントン』（丸山政男訳〔世界文庫〕、弘文堂、一九四九年）は、近藤健児／田村道美／中島泉『絶版文庫三重奏』（青弓社、二〇〇〇年）に詳しい紹介がある。

（3）前者はマキシム・ゴォリキイ『伊太利物語』（平井肇訳〔改造文庫〕、改造社、一九三六年）、後者はアンドレーエフ『深淵 他』（昇曙夢訳〔創元文庫〕、創元社、一九五二年）がある。

アンドレイ・ベールイ「銀の鳩」

小平武訳（「集英社版 世界の文学」第三巻）、集英社、一九七八年

第一次革命後のロシア。大学生で象徴派詩人のインテリゲンチアであるピョートル・ダリヤーリスキーは、二年越しの恋を実らせ、西欧文化が根付くグーゴレヴォの地主である老婆の孫娘で、純潔なカーチャとの婚約にこぎつけていた。しかし怪しげなカルト宗教「鳩」の首魁の指物師が、秘儀の実現のために霊女マトリョーナを使って誘惑すると、ピョートルの愛情は動揺しはじめる。ある日老婆に侮辱されたピョートルは、発作的にカーチャを捨てて東へと去る。たどり着いた東洋風の街リーホフでは、日々の生活に疲弊した庶民らが「鳩」に改宗し、社会主義者も活動するなど混沌としていた。ピョートルはマトリョーナとの愛欲の日々を過ごすが、霊女と交わる男が必要とされる秘儀のために、自らが罠にはめら

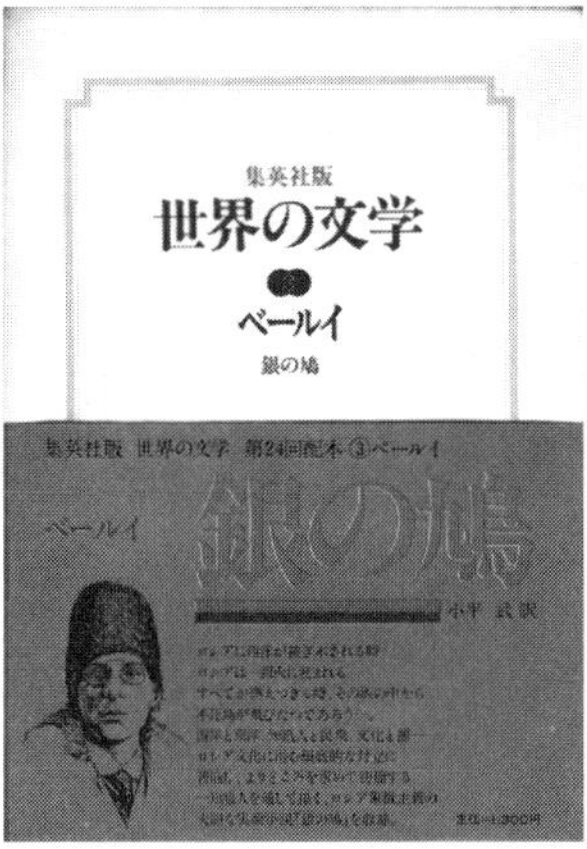

ベールイ『ベールイ 銀の鳩』

れたことに気がつく。さらに白髪の紳士（カーチャの伯父）に出会ってからは、西欧文化への憧れが再度呼び覚まされ、ついには脱走を企てるものの、指物師らによって撲殺される。

「鳩」は、ドストエフスキーの『カラマーゾフの兄弟』（一八八〇年）にも登場する、ロシア正教の分派である鞭身《べんしん》派の一派として描かれている。信者は異端者として厳罰に処せられるため、水面下で浸透し、組織の秘密を死守するためには凶悪犯罪も辞さない。狂信的なカルト団体の恐ろしさは現代日本に生きるわれわれもよく知るところだが、一世紀以上も前に書かれた本作はその本質を見事に突いている。例えばカーチャの祖母の屋敷を借金漬けにして奪おうと算段する悪徳商人エロペーギン（なんて名前じゃ）が登場するが、彼の留守宅では「団子」とあだ名される肥満体の妻が、ひそかに「鳩」に改宗していた。その事実を嗅ぎ取った夫は信者らに毒を盛られる。そして同様の事態がピョートルにも襲いかかる。秘儀の失敗で用なしになったこともあるが、彼が命を狙われる第一の理由は「鳩」の秘密が漏洩することを恐れたからにほかならない。小説のクライマックス、指物師に遣わされた不気味な鋳掛屋スホルーコフと二人して馬車に乗り、すんなりと西への帰還の旅に向かうことが許されたかに見えるピョートル。だが峠道では撲殺に使えるステッキを二人が無言で奪い合い、列車待ちでエロペーギンの屋敷に一泊した際には、小間使いアンヌーシカに鼻の下を伸ばしている隙に、ピョートルは部屋の鍵を奪われて閉じ込められてしまう。いつどの瞬間で襲われ、殺されるのか。緊張の描写が連続する。

とはいえ、実は本作の最大の魅力はストーリーそのものではなく、独創的な描写にあると言えるだろう。翻訳で読む以上は当然限界があり、韻や語呂合わせ、方言や俗語の面白さまではわからないのが残念だが、例えば同一フレーズの繰り返しの多用は、あたかも散文詩を読むかのように読者を酔わせるものがある。終盤の茶屋の場面では、離れて座る指物師のひそひそ話に耳をそばだてるものの、手前にいる百姓たちの天体に関する与太話がじゃまをして、ピョートルの耳には断片的にしか入らないが、それを映画のように注釈なくそのまま再現している手法はなかなかに斬新だ。夜霧の田舎道や風に揺れるカシワの木の枝の描写なども、やはり詩人の手でなければ到底再現できない美にあふれている。

アンドレイ・ベールイ（Andrei Bely、一八八〇―一九三四）には『東か西か』三部作があり、本作（一九一〇年）はその第一部。あらゆる西洋の知識と教養を身につけたピョートルだが、野性的で神秘的な東洋の魅力にいったんは屈するものの、再度西洋回帰を試みようとするなど、二つの異文化のなかにあって軸足が定まらない。彼の迷いがヨーロッパとアジアのはざまにあるロシアの立ち位置を象徴していることは明らかだろう。

わが国へのベールイの紹介者として、川端香男里の名前を書き落とすことはできない。川端によって本作の先訳（ベールイ『銀の鳩』講談社、一九七七年）に加え、『ペテルブルグ』（一九一六年）と『魂の遍歴（コーチク・レターエフ）』（一九二二年）も訳されたが、これらはいずれも一九七〇年代の仕事だった。(1) そのあとを継ぐ者が半世紀たっても現れないため、ベールイの膨大な著作が未訳のまま残されているのは、残念至極なことである。(2)

注

(1) 前者はアンドレイ・ベールイ『魂の遍歴』(川端香男里訳〔「20世紀のロシア小説」第五巻〕、白水社、一九七三年)。後者はベールイ「ペテルブルグ」(川端香男里訳、ゴーリキー/ベールイ『どん底/イタリア物語/ペテルブルグ』所収、佐藤純一/川端香男里訳〔「世界文学全集」第八十二巻〕、講談社、一九七七年)、およびベールイ『ペテルブルグ』上・下(川端香男里訳〔講談社文芸文庫〕、講談社、一九九九—二〇〇〇年)。

(2) 本作の場合には先行訳があるが、綜合社の森一祐による企画で生まれた「集英社版 世界の文学」全三十八巻は、ほとんどが本邦初訳の二十世紀作品で構成され、ホセ・ドノソ『夜のみだらな鳥』(鼓直訳、第三十一巻、一九七六年、原著一九七〇年)やマリオ・バルガス゠ジョサ『ラ・カテドラルでの対話』(桑名一博訳、第三十巻、一九七九年、原著一九六九年)など、当時まだマイナーだったラテンアメリカ文学の大作を所収するなど、その革新性は驚嘆に値するものだった。私事で恐縮だが、筆者が唯一全巻架蔵している世界文学全集でもある(一九八八年ごろに美本の古書を二万円で購入)。

コンスタンチン・フェージン「都市と歳月」

工藤精一郎訳、フェージン／ブルガーコフ／ゾシチェンコ『フェージン 都市と歳月／ブルガーコフ 運命の卵／ゾシチェンコ シネブリューホフ物語』所収、工藤精一郎／米川正夫／草鹿外吉訳（「20世紀の文学 世界文学全集」第二十九巻）、集英社、一九六七年

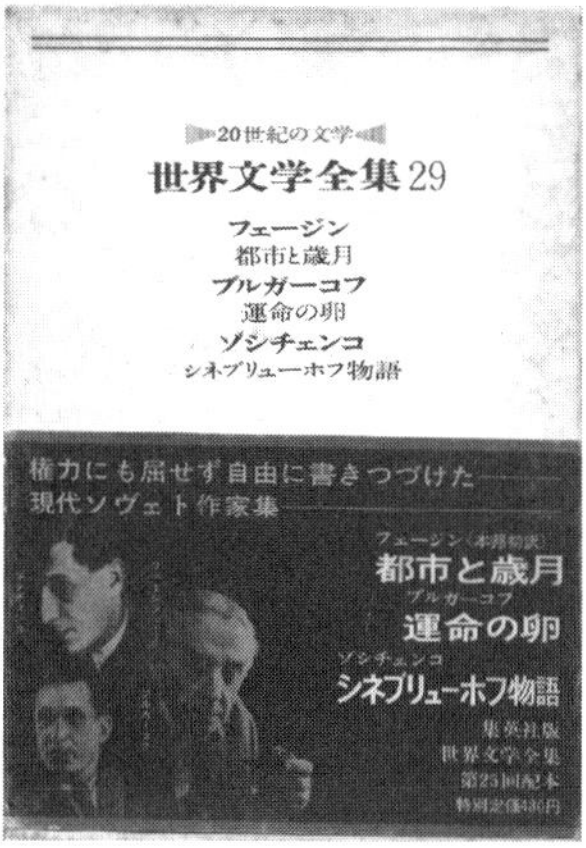

フェージン／ブルガーコフ／ゾシチェンコ『フェージン 都市と歳月／ブルガーコフ 運命の卵／ゾシチェンコ シネブリューホフ物語』

クラシック音楽作曲家のティホン・フレンニコフを持ち出すまでもなく、要職を歴任した体制派の重鎮芸術家はその地位に伴う務めが多忙で創作は滞りがちである。[1] スターリン賞（一九四九年）も受賞した文壇の大物コンスタンチン・フェージン（Konstantin Fedin、一八九二―一九七七）の場合には、そもそも寡作だったのに加えて、一九五九年以降はソビエト連邦作家同盟の書記長や議長を歴任したため、結局残された作品は長篇小説が数編（と初期の短篇）があるだ

けと思われる。本作は二四年に刊行された最初の長篇小説であり、「革命に共感しながらも過酷な現実を容認できずに破滅するインテリの悲劇(2)」を描いた出世作である。

ロシアの若き知識人アンドレイ・スタルツォフは、第一次世界大戦前にドイツのニュルンベルクに留学していたが、そこでドイツ人画家クルト・ヴァンと友達になる。しかし大戦の開始でクルトが動員されると、二人の友情は崩壊してしまう。スタルツォフは民間捕虜としてボヘミア国境のビショフスベルクに送られ、そこで裕福な家庭の娘マリー・ウルバッハと愛し合うようになり婚約する。状況の悪化を受けてスタルツォフはマリーの助けを借り、自由を求めてロシアへと逃亡しようとするが失敗し、フォン・シェナウ大尉に救われる。以前マリーの婚約者だったシェナウは、命を助けた男が自分の恋のライバルとは知らない。

一九一八年に和平条約が締結され、スタルツォフはロシアに戻り、モスクワでクルトと再会する。クルトはロシア人に捕らえられて人格が変わり、芸術を放棄してボリシェヴィキを支持する革命家になっていた。彼はドイツ人捕虜の送還を監督する仕事でスタルツォフを連れて地方都市セミドールに行く。

一方、シェナウは戦争中ロシアで捕虜になったが、収容所から脱走し、モルドバ民族主義者の仲間になり、反ソビエト部隊を組織し指揮するようになる。セミドールの近くでソビエトへの反乱を起こすが、赤軍とドイツ人捕虜によって鎮圧されたシェナウは、革命法廷で死刑判決を受けるものの、なんとか逃亡に成功する。この間スタルツォフは、短かったマリーとの幸福な時代を回顧しながら、飢餓と貧困のなかセミドールの町でのソビエト権力の党活動に従事していたが、やがて同志の娘リタ・トゥヴェレツカヤと恋に落ちる。あるときシェナウと再会したスタルツォフは、マリーにいまでも愛していると告白する伝言を届けてもらう見返りに、彼の逃亡を助ける。一九一九年、シェナウはドイツ・ビショフスベルクに到着し、マリーに婚約者スタルツォフの裏切りを伝える。シェナウの言葉の真否を明らかにするため、マリーは二〇年、ロシアに入国し彼のもとを訪れるが、妊娠しているリタを見て愕然とし、姿を消した。スタルツォフは罪の重荷に耐えきれず友人のクルトに一切を告白する。クルトは革命の理想を裏切った罰として、また彼の魂を解放するために、二二年に彼を殺害した。この事件を審理した革命裁判所は、スタルツォフ殺害は正当なものとしてクルトを無罪にした。

このクルトが無罪になる場面から物語は始まっている。回想形式で描かれたり、地理的に離れた場所の物語を並行して描写して錯綜させるなど、映画を思わせる技法がいくつか取り入れられている。「実験的手法」というほどではないとしても、ソ連の文学作品としては比較的珍しいのではないか。

今日、ソ連時代の文学といえば、ミハイル・ブルガーコフやアンドレイ・プラトーノフのような、体制から抑圧された作家のものに人気が集中し、体制側にあった作家はその価値にかかわらず意図的に無視されているように思える。もちろんその仕打ちを受けるのがふさわしいステレオタイプな社会主義リアリズムの作品もあるだろうが、フェージンの諸作品、特に「都市と歳月」はなかなかの名品なので（加えてタイトルがなんといっても格好いい）、このまま消えていくのは残念である。(3)

注

（1）ティホン・フレンニコフは一九四八年にアンドレイ・ジダーノフによってソ連作曲家同盟の書記長に任命されるや、同年度の総会でセルゲイ・プロコフィエフとドミトリ・ショスタコーヴィチを「形式主義者」と批判するなど、実力に勝る両者を執拗に譴責・攻撃したことで悪名高い。実のところフレンニコフはそれでも相当量のオペラや映画音楽などを作曲している。個人的にはエフゲニー・スヴェトラーノフが指揮した『交響曲第二番』のようなイケイケドンドンの音楽はお気に入りで、ときどき無性に聴きたくなる。

（2）前掲『ロシア文学案内』、八八ページ

（3）紙幅の都合で紹介できなかったが、社会主義下での芸術家を描いた長篇小説『兄弟』も世界文学全集に所収されている（コンスタンチン・フェーヂン『兄弟』中村白葉訳〔「新世界文学全集」第九巻〕、河出書房、一九四一年）。

ワレンチン・カターエフ「孤帆は白む」

米川正夫訳、エレンブルグ／カターエフ『エレンブルグ　フリオ・フレニトの遍歴／カターエフ　孤帆

は白む』所収、工藤精一郎／米川正夫訳（「20世紀の文学 世界文学全集」第二十八巻）、集英社、一九六五年

ワレンチン・カターエフ（Valentin Kataev、一八九七―一九八六）は、五カ年計画に取材した長篇『時よ、進め！』（一九三二年）などで成功を収めた、ソ連時代の体制派作家として知られている。「孤帆は白む」（一九三六年）は、少年向きに書かれた四部作『黒海の波』の第一部にあたり、「日露戦争、第一次革命、戦艦ポチョムキン号の叛乱、オデッサのストなどの歴史的事件をバックに、その渦中に巻き込まれた二少年の冒険譚ともいうべき半自伝的作品」（中里迪弥「エレンブルクとカターエフ」、「月報」、以下、同）であり、「そのユーモア、叙情性、豊かな自然描写の故にあらゆる年齢の読者の嗜好に応える」内容を備えた佳作である。[1]

エレンブルグ／カターエフ『エレンブルグ フリオ・フレニトの遍歴／カターエフ 孤帆は白む』

オデッサ（現ウクライナ・オデーサ）に暮らす主人公の二少年は対照的な境遇にある。中学教師の息子ペーチャは別荘に避暑に出かけ、中学校に進学するのに真新しい文具一式をそろえてもらえるような裕福な家庭に育っている。一方、ガヴリックは祖父と二人で漁師をしている。借金のために漁に不可欠な帆も手放し、やっと捕まえた小魚は市場のあくどい商人に買いたたかれ、まさしく極

貧の暮らしのなかでたくましく生きている。ちなみに二人は友情で結ばれているが、お金のことは別問題でシビアである。ボタンを使ったウーシキという博打で圧倒的に勝ち続けるガヴリックの前に、ペーチャは借金地獄に陥り、その返済のため、幼い弟の貯金箱や家のタンス預金をくすねるまでに追い詰められる。

さて、二人の前に現れたのは、反乱を起こしたポチョムキン号の脱走水兵でボルシェヴィキのジューコフ。反乱鎮圧後に官憲から追われる身になった水兵を、ガヴリックの兄チェレンチィら革命委員会がかくまって市街戦になるが、秘密裏に武器を運んだ二少年の活躍もあって最終的には水兵は逃げ延びることに成功する。甘やかされて育ったペーチャだったが、一連の経験で世界が広がり、大きく成長したことだろう。

少年少女と断り書きが付かない世界文学全集にジュブナイルが所収されることはかなり異例である。[2] この巻の所収作品はほかに、イリヤ・エレンブルグの第一作「フリオ・フレニトの遍歴」（工藤精一郎訳）であり、これは現実を憎悪するあまり人類撲滅を唱える師に従う七人の弟子たちが、第一次世界大戦下のヨーロッパから革命内戦期のロシアを遍歴する物語で、大胆かつ辛辣な文明批評が展開される著者の代表作である。[3]

注

（1）日露戦争の影は随所に描かれていて、日本の戦艦が火焔に包まれて沈没し、「黄色い顔をしたちっぽけな人間ども」が飛び散る様子を描いた愛国的な木版画を見て、ペーチャらが「ジャップ」と罵るシーンがある。当時のロシア国内では情報統制で日本に勝ったことになっていたようだ。百年たってもロシアのやることは大して進歩していないが。

(2) 米川正夫訳は初め七星書院から出たもの(ヴァレンチン・カターエフ『孤帆は白む』前・後篇〔現代ソ連文学選〕、一九四六—四七年)の再録である。別訳として、カターエフ「黒海の白帆」(袋一平訳、カターエフ/ワシレンコ/バージョーフ『黒海の白帆/友情の歯車/石の花』所収、袋一平/内田莉莎子/金子健訳〔「少年少女新世界文学全集」第二十三巻〕、講談社、一九六三年)、ワレンチン・カターエフ『黒海の白帆』(福井研介訳〔「世界の名著」第三十巻〕、ポプラ社、一九六八年)、同『黒海の波』上・下(山村房次訳〔「世界新少年少女文学選」第十五巻、第十六巻〕、新日本出版社、一九六七年)もある。なお、第二部『草原の家』(一九五六年)には、ベ・カターエフ『草原の家』上・下(西尾章二/太田多耕訳〔日本共産党中央委員会宣伝教育文化部世界革命文学選編集委員会編「世界革命文学選」第十七巻、第十八巻〕、新日本出版社、一九六四年)と合本のワレンチン・カターエフ『草原の家』(西尾章二/太田多耕訳〔「世界の革命文学」第八巻〕、新日本出版社、一九七二年)がある。第三部『冬の晩』(一九六〇年)と第四部『ソヴィエト政権のために(カタコンベ)』(一九六一年)に翻訳はないと思われる。

(3) 非常に古い訳だが、イリヤ・エレンブルグ『フリオ・フレニトとその弟子達』(河村雅訳〔世界名作文庫〕、春陽堂、一九三三年)として文庫化されているので、この作品は本書では取り上げていない。ちなみに埴谷雄高が執筆している「解説」では、ほぼ全文をエレンブルグのこの小説への好意的論評にあてる一方で、「孤帆は白む」については「ソヴェト文学における健全な読み物の一典型」の一言で片付けている。

レオニード・レオーノフ「泥棒」

①原卓也訳（「20世紀の文学 世界文学全集」第十四巻）、集英社、一九六五年／②原卓也訳（「集英社版 世界の文学」第五巻）、集英社、一九七八年

「人物の深い心理解剖、複雑なプロットのもとに、人間悪やそれと対置される善への志向、一般的にいえば社会と個人との関係を形而上的に追究する[1]」作風で、「ソビエト期のドストエフスキー」と称される大家レオニード・レオーノフ（Leonid Maximovich Leonov、一八九九―一九九四）。激動の二十世紀ロシアで長篇小説や戯曲を多数執筆し、戦前は複数の世界文学全集に所収されるなど、早くからわが国に紹介されてきたものの、なぜか文庫化されることはなかった[2]。一九六五年から七五年代に各社がこぞって代表作を文庫に入れたエレンブルグ、ミハイル・ショーロホフ、アレクサンドル・ソルジェニーツィンらに比べると、扱われ方が不遇だったのである。ちなみに「泥棒」は一九二七年の初稿を、三十年後の五九年になって五割増しに増ページして改作した大作で、代表作

と目されている。

ロシア革命後の一九二〇年代。反動的な新経済政策（ネップ）が採用され、市場経済や私的経営が復活したため、革命によって打倒されたはずの成り金が再び羽振りを利かすようになる。かつて赤軍で騎兵部隊の政治部員だったミチカは、革命は裏切られたと幻滅し、モスクワの場末プラグーシャで金庫破りになった。盗人稼業は彼にとってパルチザン活動にもなぞらえるべき正当な行為というわけだ。しかし、ここで最も肝要なのは、訳者が②「集英社版 世界の文学」の「解説」で指摘しているように、ミチカには「鉄の冷たさ」、すなわち「身近な個々の人間に暖かい愛を注ぐことができない」という人間的な欠陥があるということである。自分が逢い引きの約束をすっぽかしたことが原因で、郷里で愛を誓ったマーシャを転落させる。実姉ターニャに対しては、サーカスの危険な舞台に立つ直前に精神的に動揺させ、悲劇を招き寄せる。歌手ジーナから注がれる熱愛も残忍に退け、あげくの果てに忠実な子分のサーニカが妻とともに細々と蓄えた「きれいな」金を根こそぎ取り上げる始末なのだ。当然ながら、次第に周囲から見放され、軽蔑していたサーニカからはこっぴどい裏切りを受ける。物語の終わり、ロシアの過去の英知を体現したプチホフ老人からの救済の申し出を受けながらもそれを謝絶して、ミチカはシベリアへ自己再生の旅に赴く。しかし、その未来は不透明と言うほかない。

レオーノフ『レオーノフ 泥棒』

本作は強烈な個性を放つ登場人物を多数配した、ロシア文学の本流をいくドストエフスキーばりの群像劇である。個人的には必読の名作と思うが、不人気な理由もわからないではない。その第一は、前掲の矢口『世界文学全集』が「ソビエト文学盛衰記」と題した一節で書いているように、「金庫破りの名人というふれこみの主人公ミチカが、実際に仕事をする場面が全然出てこない」など、「手に汗にぎるサスペンスはおろか動きがまるで感じられない描写(3)」が退屈であるという点だ。ただし、これはどこに作品の価値を見いだすかの問題であり、ミチカの性格によってもたらされる悲劇を主題と考えるならば、金庫破りの場面が不可欠かどうかは見解が分かれるところと思う。第二の問題点は、この小説自体が入れ子構造である点だ。フィルソフという作家がプラグーシャを取材してミチカを主人公に小説を書こうとしている設定になっている。作者が語るミチカのリアルな物語は、しばしば小説中にフィルソフが書き連ねる創作と錯綜し、状況がわかりづらい。いわゆる実験的な手法を採用しているのだが、あまり成功していない。この点は筆者も矢口に全面的に同感である。ちなみに矢口は「世界文学全集があったからレオーノフは日本に紹介されたのかもしれないのだ。残念ながら個人的な魅力で読者をひきつける作家ではなさそうだから(4)」と結論付けているのだが、もう少しレオーノフに甘い点を付けてもいいと感じている筆者としては、どうか本作を手に取って読書子各人に確かめていただきたいとお願いする次第である。

注

（1）前掲『ロシア文学案内』九四ページ

（2）紙幅の関係で本書では取り上げられなかったが、レオーノフ『スクタレーフスキイ教授』（米川正夫訳〔「新世界文学全集」第六巻〕、河出書房、一九四一年）、およびレオニード・レオーノフ『穴熊』（中村白葉訳〔「世界文学全集」第二期第十五巻〕、新潮社、一九三二年）などの長篇に加えて、いくつかの短篇が世界文学全集に所収された。

（3）前掲『世界文学全集』八〇—八一ページ

（4）同書八二ページ

ブルーノ・ヤセンスキー「パリを焼く」

①江川卓訳、ヤセンスキー／アンドリッチ／ゴンブロヴィッチ／オレーシャ『ヤセンスキー　パリを焼く／アンドリッチ　呪われた中庭／ゴンブロヴィッチ　ばかあかい／オレーシャ　羨望』所収、江川卓／工藤幸雄／吉上昭三／木村浩訳（「20世紀の文学　世界文学全集」第三十一巻）、集英社、一九六七

年／②江川卓訳、『ロープシン／ヤセンスキー／バーベリ』所収、工藤正広／江川卓／工藤幸雄訳（「世界文学全集」第四十一巻）、学習研究社、一九七九年

「パリを焼く」は最強のパンデミック小説の一つとして、コロナ禍を経験したいまこそ読まれるべきではないだろうか。

ポーランドの詩人・小説家のブルーノ・ヤセンスキー（Bruno Yasenskii、一九〇一―四一）が、共産党からの弾圧を受けて亡命していたパリで一九二八年に書き上げたこの空想的政治小説は、熱狂的に支持されて全世界で二百万部を売り上げた。しかしそれは一世紀も前の話で、残念ながら今日ヤセンスキーは一部の読書家を除いて忘れられてしまっているようだ。とりわけわが国では翻訳が出たのが遅く、これほどの傑作が文庫どころか単著の単行本で出ることさえなく、ほかのソ連・東欧圏作家の作品とともに、世界文学全集の一冊に収まって目立つことなく窮屈そうにしている。(1) ちなみにヤセンスキーは敬愛するウラジーミル・マヤコフスキーを中傷したポール・モーランに反撃してやろうとこの本を書いたとのことだが、内容が内容だけに体制転覆を企てたとして二九年にポワンカレ政権によって逮捕される。その後ソ連に亡命したが、今度はスパイ、トロツキストとして収監され病死してしまうという波乱に満ちた生涯を送った。

第一部。一九二〇年代とおぼしきパリ。不況で解雇された旋盤工のピエルは、ガールフレンドのジャネットに見捨てられる。自分はゴミ捨て場の残飯あさりをしているのに、市内の無数の安ホテルでは、金を握った「卒中気味のひひ爺さん」たちに、若い娘たちが春をひさいでいる。ジャネッ

トもきっとそのなかにいるのだろうと考え、強烈な怒りに襲われたピエルは、機会を捉えてペスト菌を研究所から盗み出し、パリの給水所に流し込んだ。ここではかなり特殊な比喩表現や修飾語を駆使して、貧困層の人々の間にやり場のない怒りが鬱積する混沌とした社会情勢や、理性や誇りが揺らいでいくピエルの内面の混迷が象徴詩的に描写されている。

第二部。全体の過半を占める物語の中心で、一転して冒険小説の趣も加わる写実主義的な文章に変わる。パリ中にペストが蔓延し、街に死者があふれかえった。感染拡大を恐れてパリは封鎖され、遮断線を突破しようとする者には容赦ない銃口が待ち構えている。生き残った者たちは、中国人、ユダヤ人、イギリス人・アメリカ人、フランス王党派、社会主義者など様々な集団ごとに共同体を作って、それぞれが事実上の独立国として振る舞い始める。人々はなんとかパリから逃れ出たいと種々の策を弄するが、ことごとく失敗に終わってしまう。

『ロープシン／ヤセンスキー／バーベリ』

第三部。ペストで全滅したパリで生き残ったのは隔離されていた囚人たちだけだった。彼らは社会主義の政治犯を中心に、ペストが去ったパリでコミューンを作り、自給自足の生活をたくましく開始する。あっけないほどに短いものだが、ヤセンスキーの関心はありきたりの労働者国家の形成と発展を詳述することにはなかったということだろう。

とにかく奇想天外な一方で、感染症への恐怖というリアルな問題を見事に扱った最高に面白い小説である。いまからでも遅くないので、文庫化されることを強く望む。

注

（1）①「20世紀の文学 世界文学全集」はイヴォ・アンドリッチ「呪われた中庭」（工藤幸雄訳）、ヴィトルド・ゴンブロヴィッチ「ばかあかい」（工藤幸雄／吉上昭三訳）、ユーリイ・オレーシャ「羨望」（木村浩訳）を併収。②「世界文学全集」はロープシン「蒼ざめた馬」（工藤正広訳）、ブルーノ・ヤセンスキー「鼻」「主犯」（ともに工藤幸雄訳）、イーサク・バーベリ「騎兵隊」（江川卓訳）を併収。こちらには四十八ページにわたる文学アルバムが貴重な写真を満載していて、それだけでも非常に価値が高い。

ミハイル・ショーロホフ「ドン物語」

安井侑子／小野理子訳、『ショーロホフ 開かれた処女地2／ドン物語』原久一郎／原卓也／安井侑子

／小野理子訳（「20世紀の文学 世界文学全集」第十三巻）、集英社、一九六六年

世界文学全集でのソビエト文学の一番手は、トルストイの伝統を受け継ぐ写実主義作家ミハイル・ショーロホフ（Mikhail Sholokhov、一九〇五―八四）と相場は決まっていた。重厚長大な『静かなドン』（一九二八―四〇年）が定番作品で、目新しさを求めて農業集団化を扱った『開かれた処女地』（第一部一九三二年、第二部一九六〇年）が取って代わるケースもあるが、いずれにせよ戦後のものでこの二大長篇のどちらかが入っていない全集はまれである。[1]

『静かなドン』は第一次世界大戦からロシア革命後の国内戦までの十年に及ぶ混乱期に、己の正義を信じて真摯に生きようとした結果、白軍と赤軍を転々として最後は破滅する主人公、ドン・コサックのグレゴリー・メレホフの悲劇を描いている。その創作に先立つ時期に、ショーロホフは故郷であるドン地方の人々が内戦に直面し、家族が敵味方になって殺し合う悲劇をリアルに（ときに残酷に）描写する短篇群を書きためていた。原書『ドン物語』（一九二五年。三一年の改訂版は『るり色の広野』と改題）に所収されている短篇は全二十六編だそうだが、「20世紀の文学 世界文学全集」では十編が訳されている。[2]

個人的に最もすばらしいと思ったのは、最後に配された「他人の血」である。老ガブリーラはコサックの中農。息子ペトロは白軍に入って出征したが、戦死の知らせが届く。村が赤軍の支配下に置かれ、苦りきっていたところに食料徴発隊がやってきた。ところがそこにコサック兵が乱入してきて銃撃戦になる。徴発隊に加わっていた赤軍少年ニコライは、からくも一命を取り留めた。若い

ショーロホフ『ショーロホフ 開かれた処女地2／ドン物語』

ニコライの姿が亡き息子の面影と重なり手厚い愛情を注ぐガブリーラ夫妻。その懸命の看護に応え、回復したニコライもこの地にとどまって「親孝行」する気持ちを固める。そんな彼のもとにある日、かつて勤めていた工場の再建に助力を依頼する手紙が届く。使命感から、悩んだ末に老夫妻と別れて旅立つ決心を固めるニコライ。彼が荷馬車から降りて山道を行く姿をガブリーラは涙ながらに見送る……。暴力や残酷な描写を用いることなく、内戦がもたらす悲しさをじんわりと感じさせる珠玉作である。

ショーロホフの短篇のうち最も早く一九二四年に書かれたという「ほくろ」は、故郷を離れ反革命の白軍コサックの首領に出世した男が、故郷近くの戦闘で惨殺した赤軍将校の足首に自分と同じ大きなほくろを発見し、はるか以前に別れた息子と知って自害する痛ましい話。「子持ちの男」は、二人の息子が赤軍に入って自分のもとを去り、残った七人の幼い子どもを養うために白軍に入った男が、生き延びるために赤軍に入っていた息子をあやめるやりきれない話。「仔馬」では、赤軍騎兵が乗る牝馬が子馬を産んだために進軍行動が制約されるが、子馬を殺すに忍びず逡巡しているうちに、彼自身が渡河時に狙撃されて命を落とすまでが淡々と語られる。「ふたり夫」はウクライナ版『イノック・アーデン』（アルフレッド・テニスン、一八六四年）。寡婦になったと思って再婚し、集団農場で生活していた妻のもとに、生きて帰ってきた白軍崩れの夫。いったんはもとの夫と生活をするが、その旧弊で横暴な振る舞いに耐えられず、妻は進歩的な新しい夫との生活を選ぶに至る。ほかに「牧夫」「食糧委員」「アリョーシカの心臓」「うり畑の番人」「一つの道」「渦」「虫食い穴」「るり色のステップ」を所収。これらの短篇は「開かれた処女地」（原久一郎／原卓也訳）の後半部を所収した巻に付け足しのように所収されていて、「解説」でもほとんど言及がないのはたいへん残念なことである。

注

（1）河出書房―河出書房新社の全集だと、「世界文学全集（決定版）」「世界文学全集 グリーン版」「世界文学全集 豪華版」「世界文学全集 カラー版」のいずれにも二大長篇のどちらかを所収。新潮社は「新潮世界文学」にこそ所収がないが、「現代世界文学全集」と「新版世界文学全集」には所収している。筑摩書房は「世界文学大系」に所収はないが、「世界名作全集」「世界文学全集」「筑摩世界文学大系」は所収している。ただし不思議なことに集英社の全集には、この「20世紀の文学 世界文学全集」以外には所収がなく、講談社の全集では短篇だけである。

（2）M・ショーロホフ『ショーロホフ短編集』（小野理子訳、光和堂、一九八一年）「解説」によれば、最初の短篇小説『ほくろ』（一九二四年）から、一九二七年発表の『気弱な男』まで、「ドン物語」と総称される短篇は合計二十六編あるとのこと。ただしすべては邦訳されてはいないようだ。前記『短編集』は七編の所収で（中篇「人間の運命」を併収）、この本では安井侑子訳の「ほくろ」以外は同一の訳文である。川村二郎／菅野昭正／篠田一士／原卓也編、マクシム・ゴーリキー／エヴゲーニイ・ザミャーチン／ミハイル・ブルガーコフ／アンドレイ・プラトーノフ／アレクサンドル・ソルジェニーツィン／レオニード・アンドレーエフ／イワン・ブーニン／ミハイル・ショーロホフ／レオニード・レオーノフ／イリヤ・エレンブルグほか『ロシアⅢ』（工藤幸雄／長興容／小笠原豊樹／水野忠夫／原卓也／江川卓／小泉猛／小野理子／米川正夫ほか訳〔「集英社ギャラリー 世界の文学」第十五巻〕、集英社、一九九〇年）にも同じ小野理子訳で「仔馬」「虫食い穴」「るり色のステップ」「他人の血」の四編が収められている。他方『パステルナーク／ショーロホフ／アストゥリアス』（工藤幸雄／鼓直／工藤精一郎／木村栄一訳〔「ノーベル賞文学全集」第十四巻〕、主婦の友社、一九七一年）は最も多い十二編所収。そのうちこの本では読めないのは「シバロークの種」「イリューハ」「てなし子」「曲がった道」「仇敵」の五編である。ちなみに文庫本でもショーロホフ『人間の運命』（米川正夫／漆原隆子訳〔角川文庫〕、角川書店、一九六〇年）で、「夫の二人いる女」「子持ちの男」「るり色のステップ」「他人の血」の四編が読めることを付言しておく。

第6章

南北欧、ラテンアメリカ、アジアの文学

エルサ・モランテ「禁じられた恋の島」

①『モランテ 禁じられた恋の島／アンダルシアの肩掛け』大久保昭男訳（「世界文学全集 グリーン版」第三集第十八巻）、河出書房新社、一九六五年／②中山エツコ訳、モランテ／ギンズブルグ『アルトゥーロの島 モランテ／モンテ・フェルモの丘の家 ギンズブルグ』所収、中山エツコ／須賀敦子訳（「池澤夏樹＝個人編集 世界文学全集」第一期第十二巻）、河出書房新社、二〇〇八年

ナポリ湾に浮かぶプロチダ島。少年アルトゥーロ（以下、人名表記は大久保昭男訳による）は母の顔を写真でしか知らず、古代の英雄にも匹敵する強者として崇拝する父は不在がちで、自然を友にして古びた館で孤独に暮らしている。ある日突然に父が若い後妻ヌンツィアタを連れて島に戻ってきた。自分と二歳しか違わない彼女との距離の取り方にアルトゥーロは動揺する。当初は義母に最愛の父を奪われたと嫉妬し、反感と軽蔑で接するアルトゥーロだったが、やがて彼女への恋心に気がつく。そんなある日、尊敬していた父が、刑法犯の男につきまとい、侮辱されてもこびへつらう同性愛者であることを知って愕然とするアルトゥーロ。彼は義母にともに島を去ろうと訴える。夫から愛されず、隷属を強いられても忍耐強く生きてきたヌンツィアタは、ひそかに義理の息子を愛していたが、信仰と不実な夫に忠実であることを選び、彼の求愛を退ける。アルトゥーロにとって、幼少時に幸福

だった美しい島は、十六歳になったいま、悪夢の土地に変わった。島を去る日、彼は波間に消えゆく故郷の島影を見ようとしなかった。

少年から青年になる時期の、理由もなく自分でも制御できないいら立ちや鬱屈を繊細かつ丁寧に描き（例えば第六章「運命の接吻」の「ミダス王の館」）、物語の随所に色彩豊かで美しい南イタリアの離島の季節の移ろいをあわせた、エルサ・モランテ（Elsa Morante、一九一二—八五。アルベルト・モラヴィア夫人として知られる）の筆力はさすがであり、単なる甘い感傷的な青春小説とは明らかに一線を画している。原著出版（一九五七年）からほどなくして映画化（『禁じられた恋の島』監督：ダミアーノ・ダミアーニ、主演：ヴァニ・ド・メグレ、キイ・ミアスマン、一九六二年）されたのを機に、本作が①の「世界文学全集 グリーン版」に所収された（中篇「アンダルシアの肩掛け」を併収）際には、安っぽい映画邦題を採用した（②の邦題が原題の直訳）こともあって、定番作品のなかで一見居心地が悪そうだった。だが一読すれば、二十世紀イタリア文学を代表して全集の一冊に加わるにふさわしい本作の価値が誰の目にも明らかになるだろう。池澤夏樹が②「池澤夏樹＝個人編集 世界文学全集」に所収する作品として、ナタリア・ギンズブルグの「モンテ・フェルモの丘の家」（須賀敦子訳。原著一九八四年）とあわせて、本作を選んだのは慧眼と言うほかない。

モランテ『モランテ 禁じられた恋の島／アンダルシアの肩掛け』

ラファエル・サンチェス・フェルロシオ「アルファンウイの才覚と遍歴」

会田由／神吉敬三訳、(ホルヘ・ルイス・)ボルヘス／サンチェス・フェルロシオ／(ダフネ・)デュ・モーリア『ボルヘス 伝奇集 不死の人／サンチェス・フェルロシオ アルファンウイの才覚と遍歴／デュ・モーリア 真実の山』所収、篠田一士／会田由／神吉敬三／吉田健一訳(「20世紀の文学 世界文学全集」第三十四巻)、集英社、一九六八年

拙著『絶版文庫万華鏡』でロシア文学の江川卓氏と一時期同じ大学に勤務していたことを書いたが、残念ながら直接話す機会はなかった。だがノーベル賞作家カミロ・ホセ・セラの諸作品の翻訳者、および『闘牛――スペイン生の芸術』(〔講談社選書メチエ〕、講談社、一九九六年)などの著者として名前を存じていたスペイン語・スペイン文学の有本紀明氏とは、その後ちょっとしたことがきっかけで知り合うことができ、親しくしてくださった。当時入手困難になっていた有本氏の訳書を、手元のストックからプレゼントしてもらい、本当に感激したことをいまでも鮮明に覚えている。拙著『辺境・周縁のクラシック音楽1――イベリア・ベネルクス篇』(青弓社、二〇一〇年)の執筆に際してはアドバイスももらった。氏は二〇一一年に退職されたが、同じ大学に在職中にもっと話を伺っておけばよかったと後悔している。

いずれも有本氏が訳したセラの『パスクアル・ドゥアルテの家族』（講談社、一九八九年）や『ラサリーリョ・デ・トルメスの新しい遍歴』（講談社、一九九二年）は、十六世紀から十七世紀に流行した悪漢小説（ピカレスク・ロマン）をリニューアルした作品だった。さらに今回、十歳ほど若いラファエル・サンチェス・フェルロシオ（Rafael Sánchez Ferlosio、一九二七―二〇一九）の本作（一九五一年）を読んでみて、前記二作品同様か、ときにそれ以上にバロック期の古典的小説を強く思わせる様式であることに驚いた。ただ、この作品はファンタジーの要素がより強く、現実と空想の境界があいまいなところが魅力で、リアリズム全盛だった一九五〇年代のスペイン小説界に「何かただならぬものを提案した[1]」作品である。

不思議がいっぱいの世界の物語で、単に梗概を読んでも何が面白いのかわかりにくいかもしれない。妙ちきりんなアルファベットを書くので学校を追い出され、ブリキ製の風見の雄鶏に導かれて夕焼けの血の秘密を手に入れたあと、グワダラハーラの剥製師に弟子入り志願したアルファンウイ。そこの庭にある栗の木の葉は、一枚一枚についている洞穴の井戸水に垂らした糸のような根で水を吸うことで、緑色の色素を保っていた。そこで剥製師の師匠とアルファンウイは、様々な色の水を栗の根に吸わせてみた。

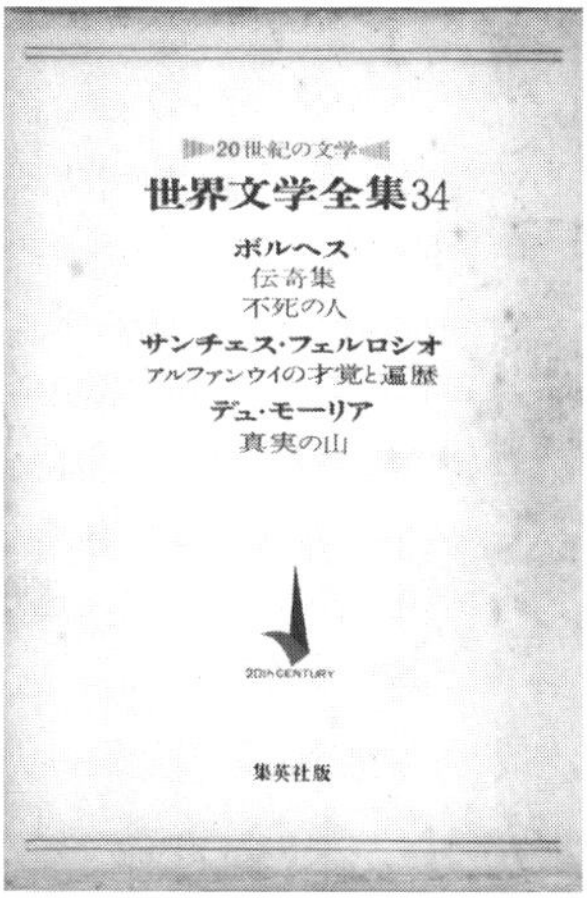

（ホルヘ・ルイス・）ボルヘス／サンチェス・フェルロシオ／（ダフネ・）デュ・モーリア『ボルヘス伝奇集 不死の人／サンチェス・フェルロシオ アルファンウイの才覚と遍歴／デュ・モーリア 真実の山』

すると栗の木はそれぞれ違った色の葉をもつカラフルなものに変身した。しかし、この実験によって二人は周囲から魔法使いとみなされて家は焼き討ちされ、師匠は亡くなってしまう。しかたなくアルファンウイは実家に帰る（以上が第一部）。続く第二部で舞台はマドリードに移る。アルファンウイは操り人形の伊達男ドン・サーナと知り合って行動をともにする。女主人ドーニャ・テレが経営する宿屋に投宿するが、そこの風呂場は玉菜《キャベツ》畑になっていて、ヤギもいた。カーニバルの日の夜、アルファンウイはドン・サーナと決闘し、人形を粉砕するが、その靴についていた塗料で一時失明してしまう。物語は第三部に移り、アルファンウイは祖母の家があるモラレーハに行く。彼女は発熱したときに自分の膝で鶏の卵をかえすことができるため、隣人に重宝されている。アルファンウイは村で牛追いの仕事につき、亡き祖父の半長靴を借りて厳しい冬を乗り切った。年老いた牛カロングロはある日川のなかに自ら入り、厳粛な死を遂げた。春になりアルファンウイは再び旅に出て、パレンシアにある薬草店で働きながら知識を蓄え、さらに旅を続けた。

ストーリーよりも各場面に絡みつく不思議な色彩的情景や、ちょっとした含蓄ある挿話を楽しむ作品かもしれない。個人的には、演出効果こそが火事に打ち勝つために重要なことだと信じているマドリードの消防士の英雄譚は笑わせてくれた。「彼らはけっして玄関から人を救いだすことはしなかった。たとえそれが可能なときでも、常に窓やバルコニーから助け出した」「中には、熱心さのあまり、乙女を一階から五階まで運びあげ、そこから救いだした消防士さえあった」。助けられるほうもよくわかっている。「いざ火事になると、若い娘たちはみな自分の務めを知っていた。ほかの者たちが財産を持って逃げるあいだに、娘たちは悲劇の主人公よろしくゆっくりと起きあがり、炎に時間を与えながら、顔の化粧を落とし、長い髪の毛を解きほぐし、パジャマを脱いで白のネグリジェに着替える。そうしてからやっと、厳粛に堂々とバルコニーに現れ、救いを求めて叫び、腕を打ち振るのだった」

この本にはホルヘ・ルイス・ボルヘス「伝奇集」「不死の人」（ともに篠田一士訳）、ダフネ・デュ・モーリア「真実の山」（吉田健一訳）も所収されている。メインはボルヘスということか、「解説」では本作についての記述はほとんどない。なお本作には新訳も出たが（ラファエル・サンチェス・フェルロシオ『アルファンウイ』渡辺マキ訳、スズキコージ絵、未知谷、二〇〇九年）、ナダール賞受賞作『ハラマ川』（一九五五年）をはじめ、ほかのフェルロシオの作品の翻訳はないようである。[2]

注

（1）渡辺マキ「訳者の言葉」、ラファエル・サンチェス・フェルロシオ『アルファンウイ』所収、渡辺マキ訳、スズキコージ絵、未知谷、二〇〇九年

（2）「20世紀の文学 世界文学全集」の刊行時の予告を見ると、ラファエル・サンチェス・フェルロシオの作品は「ハラマ河（「ハラマ川」）」が所収される予定だったことがわかる。何か理由があって差し替えになり、「真実の山」が入れられたようである。

シグリ・ウンセット「花嫁の冠」

矢崎源九郎訳、イプセン／ウンセット『イプセン 人形の家 建築師ソルネス／ウンセット 花嫁の冠』所収、山室静／矢崎源九郎訳（「世界の文学」第二十二巻）、中央公論社、一九六六年

一九二八年にノーベル文学賞を受賞しているとはいえ、ノルウェーの女性作家シグリ・ウンセット（Sigrid Undset、一八八二―一九四九）の作品は、数少ない翻訳は半世紀ほども前のものばかりだし、文庫にも所収がない。それもあって、わが国では一部の読書家や北欧文学研究者ぐらいにしか知られていないように思われる。代表作とされる三部作『クリスチン・ラヴランスダッテル』（一九二〇―二二年）は、十四世紀ノルウェーを舞台にした大地主の娘クリスチンの波乱の生涯を描いた大作で、本作はその第一部（一九二〇年）である。(1)

美貌なうえに敬虔かつ善良な人柄で、薬草の知識も豊富であるなど、理想的な女性であるクリスチン。だが、すでに親同士が取り決めたシモンという婚約者がいたにもかかわらず、旅立つ幼なじみのアルネとの別れの接吻の場面をならず者のベンテインに見られたことで、その運命は暗転していく。クリスチンを脅迫し、凌辱しようとして失敗したベンテインは、けんかの末にアルネを殺害

する。クリスチンはアルネの鎮魂のため、彼女の無垢を信じるシモンの願いを退け、修道院に入ることに。

信仰生活に熱心に身を捧げ、模範的修道女になったが、ある日街へ買い物に出た折に暴漢に襲われそうになったところを騎士エルレンに助けられる。エルレンは悪名高い放蕩者で、ある未亡人と同棲して子どもまでいて、スウェーデン王家の一員でありながら追放処分を受けている。クリスチンはそのことを知ってもエルレンに引き付けられ、修道院の戒律を破って逢瀬を重ね、その不始末から修道院を追い出される羽目に。エルレンを頼って山小屋にかくまわれるが、そこに彼の同棲相手の未亡人が押しかけて、クリスチンを毒殺しようとしてかえって自らの命を落としてしまう。

クリスチンはエルレンを思い切ることができず、数々の忌まわしい事件を乗り越え、ついに二人は結婚するが、そこには父母の祝福のかわりに、悲嘆しかないのだった。

「彼女がはじめて愛を感じ、体をも許した男への愛と誠実」を、「修道院の戒律や、父母の悲しみや、婚約者への義理等のすべてをふり切ってもつらぬ(2)」いたクリスチン。「罪の意識にさいなまれ、心の葛藤に悩みながらも、彼女は自己に忠実たらんと」(「訳者解説」)したのである。作者はあえて中世を舞台にしているものの、描かれた一人の女性の力強いいちずな生き方は、もちろん現代にも通じるものがある。

三部作のうち、第二部『主婦』(一九二一年)には翻訳がないが、第三部『十字架』(一九二二年)には山室静・林穣二訳があり(『ウンセット』山室静/林穣二訳〔「キリスト教文学の世界」第十二巻〕、主婦の友社、一九七八年)、そこでは夫や子どもたちに悩まされた果てに得られた、孤独だが品格ある晩年のクリスチンの姿が描かれている。残念ながら、いまとなっては完訳する機会は失われたと考えられる。文学全集があったおかげで第一部と第三部だけでも訳されたことを感謝すべきなのかもしれない。

注

(1) 本作所収の中央公論社版「世界の文学」には、ヘンリック・イプセン「人形の家」「建築師ソルネス」(ともに山室静訳)を併収。なお後者は文庫に所収されたことがない。

(2) 山室静『北欧文学ノート』(北欧文化シリーズ)、東海大学出版会、一九八〇年、八五―八六ページ

ミゲル・アンヘル・アストリアス「大統領閣下」

内田吉彦/木村栄一訳、アストリアス/オネッティ『アストリアス 大統領閣下/オネッティ はかない人生』所収、内田吉彦/木村栄一/鼓直訳(「集英社版 世界文学全集 ベラージュ」第八十二巻)、集英社、一九八一年

学生　教授、お忙しいところすみません。お時間よろしいでしょうか。経済学部四年生の○山といいます。教授が担当されています「国際経済学」の成績のことで、お話があります。

K　どれどれ、○山君ですね……。君は課題を出していませんし、期末テストは半分もできていませんなあ。残念ですが単位はあげられないですよ。

学生　でも、教授。もう就職も決まっているんです。教授の単位がないと、卒業できません。期末テストは頑張ったつもりです。合格点にどれぐらい足りなかったのでしょう?

K　そんなことを言われてもねぇ。そういえば去年もそんなことを言ってきた学生がいましたが、あれもやっぱり○山君だったような気がしますが。[1]

学生　私の兄です。その節はお世話になりました。教授のおかげでなんとか卒業できまして、いまでは毎日真面目に働いています。

K　そうでしたか。そりゃあよかった。でもお兄さんはきちんとレポートを出して足りない点数を埋めたから単位をあげたんですよ。ところであなたの答案ですがね、設問の三だけど、問題文は「日本と経済連携協定を結んでいる中南米の国を一つ挙げ、両国間の主要な貿易品目について述べなさい」ですよ。メキシコかチリかペルーを挙げなければいけないのですが、あなたの答えは、「グアテマラ。グアテマラのコーヒー豆は最高品質であり、二〇〇四年にサントリーが発売したBOSSレインボーマウンテンブレンド缶は、グアテマラ国内の七地域から厳選し、グアテマラ全国コーヒー協会の認証を得た豆を使用している。その味わいは……」、何ですかこれは?

学生　中南米というとグアテマラが真っ先に浮かびました。コーヒーが死ぬほど好きなので、毎日のように缶コーヒーを買って飲んでますが、レインボーマウンテンが断然おいしいです。サントリーに就職したかったけどダメでした。ある商社から内定をいただけたので、将来は独立してコーヒー豆の貿易会社を立ち上げ、グアテマラの農場と取引したいと思っています。

K　夢がかなうといいですね。ところでグアテマラですが、コーヒー以外にもマヤ文明のティカル遺跡が有名ですね。あと、この国で最も有名な人物の一人が、一九六七年のノーベル文学賞受賞者ミゲル・アンヘル・アストリアス（アストゥリアスとも表記。Miguel Ángel Asturias、一八九九―一九七四）ですね。初期の『グアテマラ伝説集』（一九三〇年）では、日常と日常ではありえないことを平然と混在させることで、超現実を現実の一環として芸術表現する「魔術的リアリズム」の手法を創始しました。[2]これはコロンビアのガブリエル・ガルシア＝マルケスら六〇年代以降の中南米文学ブームを牽引する作家たちに多大な影響を与えます。また中期以後の『大統領閣下』（一九四六年）や『緑の法王』（一九五四年）のように、独裁政治体制や、アメリカ系の大資本による搾取という社会問題を題材にしたリアリズムの作品もあります。[3]

学生　グアテマラにもノーベル賞作家がいたとは知りませんでした。

K　特に「大統領閣下」はえぐい内容の本です。秘密警察を操り、気まぐれに人命をもてあそぶ、残酷で腐敗した絶対的権力者の大統領は、軍の信望が厚い政敵カナレス将軍を無実の殺人罪に陥れることで亡命に追い込むように、腹心アンヘルに命じます。ところが悪辣で非情だったアンヘルが、行き場を失った将軍の娘カミラの純粋さに惚れ込んでしまい、結婚することで彼女を救おうとします。しかし大統領の不興を買って、よりによって自分が助けてやった男に捕らえられて投獄され、妻が死んだと偽りの情報を伝えられて傷心のうちに死んでしまいます。それだけじゃなく、例えばカナレスを救おうとしたフェディナ・ロダスは拷問を受け、赤子を殺され、売春宿に売られるなど、極悪非道な暗黒体制に多数の民衆がこれでもかと犠牲になる姿が描かれていて、その無残な姿は目を背けたくなるほどです。

学生　最後は正義が勝って、大統領は失脚するんでしょう？

K　いいえ。

学生　そんな暗く救いがない話、とても読みたくないです。それのどこがノーベル賞なんですか。

K　中南米には国を問わず独裁的な政権が交代し、民衆を苦しめてきた歴史があります。グアテマラでもマヌエル・ホセ・エストラーダ・カブレーラ政権が一八九八年から一九二〇年まで独裁的権力を振るいました。二二年に書き始められ三二年に完成した「大統領閣下」はそのカブレーラ政権を題材にしています。四七年まで出版できなかったのも、そのショッキングな内容が与える影響の大きさが危惧されたからだと思います。腐敗政治を動揺させるほどの強烈な力をもった作品ということでしょう。

学生　「ペンは剣よりも強し」ですね。アストリアスという人は硬骨漢だなあ。

K　というわけで、〇山君。どうしても単位がほしいなら、二千字の手書きレポートを書いて一週間以内に出しなさい。「大統領閣下」を読んで感想を書いてほしいところですが、いやそうですから、なぜ日本はグアテマラと経済連携協定を結んでいないのかについて、グアテマラ経済の現状を

踏まえてまとめてください。あなたの未来の起業に役立ちますよ。(4)

注

(1) 前掲『絶版文庫万華鏡』二七二―二七六ページを参照のこと。

(2) 翻訳としてM・A・アストゥリアス『グアテマラ伝説集』(牛島信明訳〔「ラテンアメリカ文学叢書」第四巻〕、国書刊行会、一九七七年)、同『グアテマラ伝説集』(牛島信明訳〔岩波文庫〕、岩波書店、二〇〇九年)、アストゥリアス『大統領閣下 グアテマラ伝説集』(内田吉彦/牛島信明訳〔「ラテンアメリカの文学」第二巻〕、集英社、一九八四年)がある。

(3) 「大統領閣下」の翻訳には、鼓直・木村栄一訳(アストゥリアス「大統領閣下」、前掲『パステルナーク/ショーロホフ/アストゥリアス』所収)もある。また『緑の法王』には鼓直訳(エメ・ア・アストゥリアス『緑の法王』上・下〔〈日本共産党中央委員会文化部世界革命文学選編集委員会編「世界革命文学選」第四十巻、第四十一巻〉、新日本出版社、一九六七―六八年〕と合本の同『緑の法王』〔〈「世界の革命文学」第四巻〉、新日本出版社、一九七一年〕がある。

(4) ちなみに、「集英社版 世界文学全集 ベラージュ」版はこれも文庫化されていないファン・カルロス・オネッティ「はかない人生」(鼓直訳)を併収。なお、前掲『絶版文庫万華鏡』でも書いたように、近年は学生が成績のことで直接教員に接することは禁じられていて、深刻な採点ミスでもないかぎり成績が翻ることはありえない。

ジョアン・ギマランエス・ローザ「大いなる奥地」

中川敏訳、ローザ／ドノーソ『ローザ 大いなる奥地／ドノーソ この日曜日』所収、中川敏／内田吉彦訳（「筑摩世界文学大系」第八十三巻）、筑摩書房、一九七六年

ローザ／ドノーソ『ローザ 大いなる奥地／ドノーソ この日曜日』

ブラジルの奥地といってもアマゾンのようなジャングルとは違って、北東部のセルタンは酷暑の半乾燥地帯で、巨大な砂漠、広大な荒地、大河の源流・支流が入り交じる。そしてそこは地主や貧しい村人たちから恐れられる野盗たちが跋扈するアウトローの世界である。ジョアン・ギマランエス・ローザ（ホーザとも表記。João Guimarães Rosa、一九〇八―六七）の代表作である本作（一九五六年）は、徹頭徹尾その閉ざされた空間で演じられる旅と戦闘の物語で、『オデュッセイア』に比肩されるのも納得の、壮大なスケールの作品である。[1]

野盗たちの総首領ジョカ・ラミロは大人物だっ

たが、エルモジェネスとリカルダンの両名の裏切りに遭って殺される。主人公リオバルドは、ラミロの息子で美少年のディアドリンとの友情から、友人の復讐を手伝うことになる。射撃の名手だったこともあり、リオバルドは次第に野盗団のなかで頭角を現し、ついには首領になって最後の一大決戦に臨む。激戦の末に裏切り者を殺して目的は達したが、盟友ディアドリンも戦いの最中に落命してしまう。そして実はディアドリンが男装の麗人だったことが明らかに……。(2)

そのまま西部劇にでもなりそうな明快なストーリーだが、さすがはラテンアメリカ文学で一筋縄ではいかない。野盗稼業から足を洗って農場を相続し、美しい妻をめとって悠々自適になったリオバルドが、晩年客人に向かってとうとうと昔話をするという設定のため、三段組み三百ページにもなる文章には章立ても段落もなく、特に最初のうちは話の内容が時間的に相前後することに加え、些末なエピソードなどが散発的に語られて、何がメインのストーリーなのかつかめずに苦労する。加えて登場人物が異様に多く、全くの脇役も含め野盗団の一人ひとりに名前が与えられ、さらに各人に何かしらの情報が付け加えられるなど、欧米文学の常識から外れた末端へのこだわりの強さに不思議な気分になる。(3)それでも冗長さを感じることなく一気に読んでしまうのは、作品の魅力に加えて、古語、外国語、造語や破格の文体などで難解とされているオリジナルが、わかりやすい日本語に訳されていることが大きい。戦前はともかく、この時代にはもう珍しくなった重訳本だが、むしろそれがよかったのかもしれない。(4)

注

（1）本作品所収の「筑摩世界文学大系」第三十八巻の併収はホセ・ドノーソの「この日曜日」（内田吉彦訳）。

（2）ディアドリンだけは娼家に行かないし、リオバルドと婚約者のことを嫉妬するなど、衝撃のラストへの伏線は実は随所に張られている。とはいえ、毎日顔を突き合わせていて、いくら何でもそんなことに気がつかないわけはないので、もしかするとこの長大な復讐譚自体が、リオバルドが晩年に編み出した架空の物語なのではと思えてくる。

（3）例えは悪いかもしれないが、背広の生地のほのかな縞模様さえも太い線で細かく描き込む青木雄二の漫画の絵を思い出した。

（4）当時はポルトガル語文学の適任な訳者がいなかったのだろうか。水声社から武田千香編「ブラジル現代文学コレクション」のシリーズが刊行中で、ジョアン・ギマランエス・ローザ（ジョアン・ギマランイス・ホーザ表記）の『最初の物語』（高橋都彦訳、水声社、二〇一八年）なども原典から訳されている今日の状況は、隔世の感がある。

老舎「趙子曰」

奥野信太郎訳、『駱駝祥子／趙子曰』立間祥介／奥野信太郎訳（「世界文学全集 デュエット版」第六十二巻）、集英社、一九七〇年

世界文学全集の中国近代文学では魯迅に次いで人気がある老舎（一八九九―一九六六）だが、たいていは複数作家をまとめて一冊扱いで、代表作『駱駝祥子《シャンツ》』（一九三六年）だけが収められていることがほとんどだ。そんななか集英社の「世界文学全集 デュエット版」ではあえて老舎だけで一巻を立て、初期の作品「趙子曰」（一九二七年）も所収していて貴重である。(1)

一九二〇年代と思われる北京。趙子曰は学生だが、気に入らない纏足の妻を郷里に置き去りにして、親元からの仕送りで下宿先のアパートのいちばんいい部屋に陣取り、勉強もせず友人たちや下男に気前よくおごって美食美酒に明け暮れるデカダンな生活をしている。さすがに仕事をしなくてはと思い立ってはみたが、経験もないのに役者になろうとし、騙されてさんざん無駄金を使う始末である。当時は学生運動が盛んで、英雄気取りの趙子曰も試験の仕方が気に入らないなどの理由で校長を縛り上げたために退学になる。そんな彼を尻目に、一緒に遊んでいた悪友たちは銀行に就職

したり（莫大年）、役人になったり（武端）と、それなりに身を処していく。美女・王霊石を紹介すると話を持ちかけるなど、趙子曰にこびへつらっていた欧陽天風は、実は腹黒い裏切り者だった。そんななか、唯一彼のことを案じ、郷里に戻って仕事をすべきと助言を与えていた真の友人が李景純。だが正義感が強い彼は、多くの民間人への害毒である軍閥の大物の暗殺を企て、失敗して刑死する。小説は、「莫君も武君も、きみたちはきみたちのやることをしたまえ！　ぼくはもう自分の考えを定《き》めている」「ぼくたちはそれぞれ各自の路を進んでいって、ただひと筋に、李君に申しわけのたつようにするばかりだ」という趙子曰の力強い言葉で終わる。李景純の信念を貫いた生きざまは趙子曰をついに目覚めさせることができるのか……。

列強に奪われた領土である租界のほうが軍閥から身を守るのに安全であるという屈辱的な状況の説明や、科学技術で欧米にかなわないから、せめて彼らの苦心の発明品をさんざん利用してやれば、こちらが主人のような精神的優位に立てるという逆説的な思想の開陳など、いかにも一九二〇年代の中国らしい記述に加え、季節ごとに移ろいゆく自然のみずみずしい描写など、ストーリー以外にも老舎の筆の巧みさに引き付けられるところは多い。とりわけ筆者が過ごした八〇年代の京都でも本質的には全く同様の、将来像が描けず現実逃避して享楽にふけるモラトリアム学生の気質の描写は見事の一言で、無性に懐かしさを覚えた。ただしこの風潮はいまではほとんど失われてしまったようで、最近の学生は入学直後から就職を意識して資格取得や各種試験対策講座に忙しく、人生でいちばん自由な時期に羽目も外さず委縮してしまっていて気の毒なほどであるのだが。

注

（1）奥野信太郎訳は『ちゃお・つう・ゆえ』（老舎）の題で中央公論社から「現代世界文学叢書」の一冊として刊行され（一九四一年）、のち筑摩書房から（『ちゃお つうゆえ』の題で）再刊された（一九五二年）。中山時子訳もあり、「老舎小説全集」の第二巻に所収されている（老舎『趙子曰／ドクトー文』学習研究社、一九八二年）。この本の「解説」では、中国の院子や三合房とはどのようなものか図入りで説明してあり、たいへん勉強になった。

二組ある『東京の人』——あとがきにかえて

探しあぐねた末に出合えたときのこと、感動を友と語り合ったこと、もうなくなってしまった書店の主人と交わした会話など、文庫でも新書でも文学全集でも、蔵書一冊それぞれにいとおしい思い出がある。全くの私事だが、その一つを巻末に書き記すことをお許し願いたい。

＊

私は中学生のころから、手狭な家でもかなりの冊数が収納できる文庫本が好きだった。同じ作家の本は同じ色の背表紙だから、そろえると見栄えがいいところも気に入っていた。川端康成の繊細な抒情美と底知れない闇を抱えた頽廃に引き込まれるようにして、その作品をひたすら読んでいたのは大学一年生の春から夏にかけてだった。六畳の下宿に置いたささやかな書棚には、川端康成の文庫本が一冊また一冊とたまっていった。当時すでに絶版になっていた新潮文庫版の『東京の人』(全三巻、新潮社、一九五九年)も、帰省した際に近所の書店で薄汚れながらも売れ残っていたのを発掘して架蔵できた。

大学三年生になり、一学年の定員が十人だった国際金融系の人気ゼミに首尾よく入ることができた。最初の時間、新しい仲間を前に自己紹介をする場になって、異彩を放つ男がいることに気がついた。Sという。オールバックの髪に、日焼けした顔、そしてむさくるしいちょび髭。開口一番「ちょっと、インドに行ってきました」。プラザ合意前の円安をものともせず、芳しくない治安や衛生状態も気に留めず、一日数百円で一カ月以上も各地を放浪してきたという。ただものではない。スケールの大きさに圧倒された。

実家がある大阪で、祭りによる町おこしの企画に忙しがっていたSだが、爽やかかつフレンドリーな性格で、同期が彼をリーダーとして一目置くのにさして時間はかからなかった。しかし当時の私は、Sが嫌いだった。私には彼が世渡り上手な軽薄な男に思えたからである。ことあるごとに何人もの女性にもてたという話をする。あの娘とはBまでいったとか自慢する。彼女募集中の同期の面々にコツを伝授しようとのたまう。特に酔うとその手の話がしつこかった。ゼミの夏合宿は彼の発案で三重県の海辺の民宿に行ったが、そこはガールフレンドの一人の実家だった。そして、たかだか学生相手にしてはありえないほどの大変な歓迎に驚いた。年を重ねたいまならわかる。当時の私は容姿に加えてしゃれた話題一つない不器用さへのコンプレックスが強く、純粋かついちずではないもの一切を許容しない偏狭さで自縛していて、伸びやかに快楽を求めるSに嫉妬していたのだ。

三年生の終わり近くだったろうか。前触れもなくSが私の下宿に来た。書棚にある文庫本に目をやるなり、川端康成についての自説を話しだした。理性的にはSの話に納得し、賛同し、深い解釈に感嘆さえしているが、ついつい屁理屈をこねていちいち彼の話を混ぜっ返した。それでも「近藤、相変わらずやなあ」とニコニコして語り続けるS。やがて、『東京の人』を指さし、「この本が出ていたことは知らなかった。新潮文庫の著者別整理番号が飛んでいるのがなぜだかやっとわかった」と話し、しばらく貸してほしいと言う。「図書館で借りてくれ」と断ると、Sはかなり残念そうだった。さっきまでの議論では見せなかった表情で、まるで二人の心が通っていないことへの無念さをにじませたかのようだった。

四年生になると就職活動や各種試験勉強に忙しく、Sと話す機会はなかった。会話がないことでかえって、すねて意地悪を言ってばかりの私を含め、同期全員が仲よくなることに心を砕いていたSの立派さがわかってきた。そんなある夏の日の夕方、古書店の均一棚で『東京の人』を見つけた。ずっと気にかかっていた、あの日のSの消沈した顔が目に浮かんだ。プレゼントしたらきっと喜ぶだろう。これをきっかけにSともっと腹を割った友人になれるかもしれない。そんなことも考えて、数百円を払った。

四年生の夏休み、ゼミの同期のNから電話を受けた。「Sが死んだ……」。事故死だった。同期のみんなで葬式にいった。猛烈に暑い日だった。「S、あいつはおれたちのリーダーだったんだよ。大阪を盛り上げて、ゆくゆくは大阪のリーダーになるべき男だったんだよ」。Nは男泣きに泣いていた。涙があんなに出てこない自分が情けなかった。

Sに渡せなかったので、『東京の人』はそれ以来二組が手元にある。書棚を見ると四十年も昔のことが鮮明によみがえる。人生の折々にあった苦しい場面で、Sが生きていたら真摯に相談に乗ってくれただろうと、何度思ったことか。S、『東京の人』より何倍も珍しい『女性開眼』(川端康成

〔角川文庫〕、角川書店、一九六〇年）も手に入れたぞ。ああ、私はもう読んだから貸してやれるのになあ。

〔付記〕「日本近代文学館」第三百九号（日本近代文学館、二〇二二年）掲載の「二組ある『東京の人』」を、許可を得て一部字句を修正のうえ所収した。

［著者略歴］
近藤健児（こんどう けんじ）
1962年、愛知県生まれ
中京大学経済学部教授
専攻は国際経済学
著書に『絶版文庫万華鏡』『絶版新書交響楽——新書で世界の名作を読む』『辺境・周縁のクラシック音楽2——中・東欧篇』『辺境・周縁のクラシック音楽1——イベリア・ベネルクス篇』『クラシック CD 異稿・編曲のたのしみ』『絶版文庫交響楽』（いずれも青弓社）、『現代経済の諸問題と国際労働移動』『環境、貿易と国際労働移動』『国際労働移動の経済学』（いずれも勁草書房）、*The Economics of International Immigration: Environment, Unemployment, the Wage Gap, and Economic Welfare* (Springer)、共著に『クラシック偽作・疑作大全』『クラシック CD 異稿・編曲のよろこび』『絶版文庫嬉遊曲』『絶版文庫四重奏』『絶版文庫三重奏』（いずれも青弓社）、『イタリアから学ぶ外国人労働者問題』（創成社）ほか多数

世界文学全集万華鏡《せかいぶんがくぜんしゅうまんげきょう》　文庫で読めない世界の名作

発行———2025年3月24日　第1刷
定価———2400円＋税
著者———近藤健児
発行者——矢野未知生
発行所——株式会社青弓社
〒162-0801 東京都新宿区山吹町337
電話 03-3268-0381（代）
https://www.seikyusha.co.jp
印刷所——三松堂
製本所——三松堂

ISBN978-4-7872-9279-7　C0095